内蒙古小城镇基础设施建设投融资管理体制研究

The Study on Investment and Financing Management System of Infrastructure Construction in Small Towns in

INNER MONGOLIA

彭 羽／著

中国经济出版社
CHINA ECONOMIC PUBLISHING HOUSE
北 京

图书在版编目（CIP）数据

内蒙古小城镇基础设施建设投融资管理体制研究／彭羽著.
—北京：中国经济出版社，2018.2
ISBN 978-7-5136-5079-3
Ⅰ.①内… Ⅱ.①彭… Ⅲ.①基础设施建设—投资—研究—中国 ②基础设施建设—融资—研究—中国 Ⅳ.①F299.24 ②F832.48
中国版本图书馆 CIP 数据核字（2018）第 028518 号

责任编辑　贺　静
责任印制　巢新强
封面设计　华子设计

出版发行　中国经济出版社
印 刷 者　北京建宏印刷有限公司
经 销 者　各地新华书店
开　　本　710mm×1000mm　1/16
印　　张　12.25
字　　数　176 千字
版　　次　2018 年 2 月第 1 版
印　　次　2018 年 2 月第 1 次
定　　价　59.00 元
广告经营许可证　京西工商广字第 8179 号

中国经济出版社　**网址** www.economyph.com　**社址** 北京市西城区百万庄北街 3 号　**邮编** 100037
本版图书如存在印装质量问题，请与本社发行中心联系调换（联系电话：010-68330607）

前 言

小城镇是新型城镇化建设的重要载体之一，是促进城乡协调发展的桥梁和纽带，在推动经济转型升级、绿色低碳发展和生态环境保护等方面发挥着重要作用。培育发展特色小城镇是“十三五”时期推进供给侧结构性改革的重要措施，是推进新农村建设的重要抓手。特色小镇也是未来小城镇发展中的重要招商引资平台。加快推进新型城镇化、推进特色小城镇建设，对于内蒙古实现科学发展、打造北疆亮丽风景线具有重要意义。小城镇数量巨大，上联城市、下接农村，与农村、农业和农民的切身利益息息相关。因此，小城镇建设是我国城镇化进程中绕不开的问题。其中，基础设施建设既是实现小城镇可持续发展和经济稳定增长的重要条件，又是增强小城镇吸纳能力和承载能力的基础和关键。小城镇基础设施建设不仅缺少资金，更缺少吸引资金可持续进入的投融资管理体制。因此，完善小城镇基础设施建设投融资管理体制受到各级政府和社会各界的高度关注。

内蒙古自治区是国家脱贫攻坚重点地区，在供给侧结构性改革的推动下，通过特色小镇建设带动区域性脱贫，引导特色小镇开发建设与脱贫攻坚有机结合，受到国家的高度重视。内蒙古作为我国重要的生态功能区，其生态环境质量不仅关系到本地区人民生产和生活水平的提高，同时也关系到周边省、市、区乃至全国的生态安全。因此，内蒙古小城镇基础设施建设要践行生态文明理念、加强生态环境保护与修复，兼顾绿色、低碳、循环、集约、效率等多重发展目标，实现区域生态环境与经济社会的全面、协调、可持续发展。内蒙古小城镇基础设施建设和发展过程中，长期面临资金短缺的问题，小城镇基础设施建设水平不能满足经济社会发展的需要，大大降低了小城镇对农村富余劳动力的吸纳能力。因此，解决好小城镇基础设施建设资金筹集、使用及管理问题是内蒙古小城镇改革与发展的重点。另外，小城镇基础设施投融资管理体制顺畅与否直接决定了投融资效率。内蒙古应结合实际，因地制宜地完善小城镇基础设施建设投融资管理体制，建立“资金可获得、融资可持续、用资低成本、权益可主导”的国家、地方、社会和个人的多元化投融资管理体制。

处理好政府和市场的关系是投融资管理体制创新的关键所在。小城镇基础设施建设投融资管理体制市场化是经济发展的必然趋势，良好的投融资管理体制是规范投融资行为的基础和前提。在市场经济条件下，小城镇基础设施建设需要政府与市场共同发挥作用，政府应逐步转变职能定位，引导和促进社会资本逐步进入基础设施领域，实现基础设施的有效供给。要加强政府引导，营造良好环境，充分发挥市场作用，建立和完善基础设施建设投资主体、融资渠道、融资方式以及基础设施建设项目决策、资金筹措、投入、使用、监督的全过程的制度安排和运作机制。

本书研究的主要内容包括以下几个部分：

第一部分为绪论。主要阐述本书的研究背景及意义，综述国内外相关研究成果及实践，在对研究的基本概念进行界定的基础上，分析了基础设施与投融资管理体制的关系，并对主要研究内容和研究方法进行阐述。

第二部分为小城镇基础设施建设投融资管理体制研究的理论基础。主要归纳和总结了公共物品理论、公共选择理论、政策性金融理论和城市管理理论等理论基础，并阐述了各种理论对小城镇基础设施建设投融资管理体制的指导意义。

第三部分为小城镇基础设施建设投融资管理体制的国际经验。介绍了美国、德国、英国、加拿大、日本5个具有一定先进性和代表性的国家在小城镇建设及基础设施投融资方面的基本情况，总结和分析发达国家小城镇基础设施建设投融资管理体制的特点，借鉴美国市场主导型、德国政府主导型、英国政府与市场并重型及加拿大区域融资机构主导型的基础设施投融资管理体制经验，为内蒙古小城镇基础设施建设投融资管理体制的完善奠定了经验基础。

第四部分为国内典型小城镇基础设施建设投融资管理体制案例分析。国内小城镇在各个领域进行了多元化投融资主体参与基础设施建设的探索和实践，社会资本参与小城镇基础设施投融资建设已经取得了诸多成功经验。各种基础设施投融资管理体制各具特色，对4个国内不同省、区、市小城镇基础设施建设投融管理典型案例的基础设施投融资管理体制进行了研究，分析各类投融资管理体制的特点，对其投资主体、融资方式、运行机制、政府职能等问题进行深入探讨，为内蒙古小城镇基础设施投融资管理体制创新提供了借鉴方案。

第五部分为内蒙古小城镇基础设施建设投融资管理体制现状及存在的问题。通过对内蒙古小城镇发展的现状、基础设施建设总体现状及内蒙古小城镇基础设施建设投融资管理体制现状进行分析，并重点从政府部门职能划分、政府投资范围、融资方式及渠道、投融资管理职责、风险管理、投融资效率等方面分析了内蒙古小城镇基础设施建设投融资管理体制中存在的问题和不足。资金不足是内蒙古小城镇基础设施建设面临的最大难题。内蒙古小城镇基础设施建设总体上政府部门的投资仍然是最重要的，参与投资的各类企业、个人仍然很少，内蒙古大多数小城镇基础设施依然是单一的投资渠道，在吸引社会资本上，受扶持政策少、资源稀缺、项目边界条件较差、项目预期收益不明朗、政府财政力量薄弱等因素影响，很难调动社会资本投入内蒙古小城镇基础设施建设中来，导致基础设施投融资管理体制不畅，制约了内蒙古小城镇基础设施建设的发展。

第六部分为内蒙古小城镇基础设施投融资效率的实证研究。运用三阶段DEA和超效率DEA方法全面评估内蒙古小城镇基础设施投融资效率。通过实证反映改善纯技术效率和规模效率是内蒙古小城镇基础设施建设投融资管理体制改革要考虑的方向。通过提高内蒙古小城镇基础设施的投融资规模，可以有效提高内蒙古小城镇基础设施的投融资的整体效率，在当前“三期叠加”、财政赤字进一步加大的宏观环境下，内蒙古应采取多种措施在小城镇基础设施投融资领域引入社会资本，共同提高基础设施投融资规模。例如，通过设立内蒙古特色小城镇基础设施政府引导基金，打造“互联网+特色小镇”模式，撬动社会资本投入小城镇基础设施领域。另外，纯技术效率较低，说明内蒙古各小城镇基础设施投融资在管理体制方面的效率偏低，小城镇基础设施投融资的管理体制体现的是从政府到市场的多主体之间的权责利关系，通过转换政府职能，内蒙古可以进一步提高小城镇基础设施投融资效率。

第七部分为内蒙古小城镇基础设施投融资管理体制政策建议。借鉴第三部分和第四部分的国内外经验，总结第五部分和第六部分发现的问题，结合内蒙古自治区蒙元文化特点和草原特色，因地制宜地完善内蒙古小城镇基础设施市场化投融资管理体制，提出针对性的政策建议。统筹规划，制度先行，突出草原文化特色，明确投融资生态功能定位；定位明确，产业支撑，依托内蒙古小城镇资源优势和特色，构建多元化投资体制，拓宽内蒙古小城镇基础设施建设投融资渠道；健全牧区及“三少民族”生态转移小城镇基础设施资金保障机制，理顺内蒙古小城镇基础设施投融资体制；加强政府引导，市场运作，创新内蒙古小城镇基础设施建设 PPP 应用机制；推进开发性金融，加大金融支持力度，落实供给侧结构性改革，完善内蒙古小城镇基础设施建设投融资管理体制；因地制宜地发展内蒙古绿色债券市场，完善内蒙古小城镇基础设施投融资特色制度建设，引导社会资本向绿色转型。

总之，本书以投融资管理体制为主线，围绕城镇化与小城镇、小城镇与基础设施、基础设施与投融资之间的关系，对小城镇基础设施投融资管理体制问题展开研究，以公共物品理论、公共选择理论、政策性金融理论及城市管理理论为基础，从基础设施基本属性出发，明确政府财政责任边界，以提高内蒙古小城镇基础设施建设投融资管理效率为目标，探索城镇化进程中内蒙古小城镇基础设施建设投融资管理体制的创新方法和路径。提出了结合内蒙古自治区草原生态文化特色，因地制宜地完善内蒙古小城镇基础设施投融资管理体制，建立国家、地方、社会企业和个人多方参与的投融资管理体制的主要政策建议。

本书的创新之处在于：

（1）在内蒙古小城镇基础设施投融资效率实证分析中，首先采用两步法（Spearman 检验+Pastor 法）筛选小城镇基础设施投入产出指标体系；其次运用三阶段 DEA 和超效率 DEA 模型剔除外部环境和随机扰动对效率的显著影响，对内蒙古 69 个旗、县政府所在建制镇的基础设施建设投融资效率进行分析，更为全面、准确地评估了内蒙古小城镇基础设施投融资效率，为完善内蒙古小城镇投融资管理体制提供了依据。

（2）立足草原文化保护和生态环境建设，明确内蒙古小城镇基础设施建设投融资生态功能定位，加强生态环境规划，打造宜居草原特色小城镇。为完善农牧区、半农半牧区及“三少民族”地区小城镇基础设施资金保障机制，加强小城镇投融资金融组织体系服务功能等提出相应的对策。

目　录

1 绪 论

1.1 研究背景及意义

1.1.1 研究背景

城镇化是支持中国经济可持续发展的动力。小城镇既是新型城镇化建设的重要载体之一，又是促进城乡协调发展的重要途径，在推进经济转型升级、绿色低碳发展和生态环境保护等方面发挥着重要作用。在“十三五”时期，培育发展特色小城镇成为深入推进供给侧结构性改革的重要平台和辐射带动新农村建设的重要抓手。特色小镇也是未来小城镇发展中的重要招商引资载体平台。加快推进新型城镇化、推进特色小城镇建设，对于内蒙古实现科学发展、打造北疆亮丽风景线具有重要意义。小城镇数量巨大，上联城市、下联农村，与农村、农业和农民的切身利益息息相关。因此，小城镇建设问题是我国城镇化进程中绕不开的难题。其中，基础设施建设投融资对小城镇的发展和经济的可持续稳定增长起到了推动作用，是增强小城镇吸纳能力和承载能力的基础和关键。小城镇基础设施建设不仅缺少资金，还缺少吸引资金可持续进入的投融资管理体制。因此，完善小城镇基础设施建设投融资管理体制受到各级政府的高度关注。

从 1998 年十五届三中全会提出的“小城镇，大战略”，到 2000 年小城镇科学、健康发展，再到 2005 年“十一五”规划中强调“大中小城市和小城镇协调发展”，政府通过完善财税、投融资等配套政策，及固定资产投资向小城镇建设倾斜，为小城镇发展助力；2011 年“十二五”规划中，再次强调要有重点地发展小城镇，加大对有条件的小城镇的开发力度。2012 年党的十八大提出了“加快推进城市化、城镇化、城乡一体化建设”的决策部署，并在政府工作报告中再次强调要继续促进大中小城市和小城镇协调发展。2014 年十八届三中全会提出了推动大中小城市和小城镇协调发展、通过产业和城镇融合发展，促进城镇化和新农村建设协调推进的道路。2014 年又提出“有重点地发展小城镇”，通过控制数量、提高质量，节约用地、体现特色的要求，推动小城镇发展与疏解大城市中心城区功能相结合，与特色产业发展相结合，与服务‘三农’相结合”①，强调了推进交通、水利、能源、市政等基础设施建设及小城镇建设过程中用创新融资模式化解新型城镇化融资困境②。2016 年“十三五”规划中，培育发展特色小镇成为深入推进供给侧结构性改革的重要平台和新型城镇化建设的重要抓手。2017 年 1 月公布的西部大开发“十三五”规划中，又提出小城镇经济建设大有可为，推动小城镇健康发展，完善市政基础设施以县城为重点发展小城镇，加快人口有序集聚，带动周边农村发展，提高县域经济发展活力和综合承载能力。通过政府引导搭建小（城）镇与企业主体有效对接平台，以企业为主体，通过市场化运作，引导社会资本参与美丽特色小（城）镇建设，促进镇企融合发展、共同成长③。增强小（城）镇的可持续发展能力和竞争力。通过政、企、银、社联动探索多元化主体参与特色小（城）镇建设的投融资管理体制，推进特色小（城）镇建设的新实践。2017 年 1 月 22 日，国家开发银行与住房城乡建设部举行高层联席会议，签署了“共同推进小城镇建设战略合作框架协议”，双方将建立部行合作推动机制，按照“优势互补、统筹规划、机制共建、信息共享”的原则，协同推进小城镇提升建设和城乡协调发展，2017 年力争打造一批具有

① 国家新型城镇化规划（2014—2020 年）。

② 胡海峰，陈世金．创新融资模式化解新型城镇化融资困境［J］．经济学动态，2014（7）：57-69.

③ 刘华金．凉山特色小镇建设和发展或将推动新一轮投资热潮［N］．凉山日报，2017-02-18.

示范带动意义的试点小城镇，到2020年，在全国范围内支持培育1000个特色小镇，重点支持以提升小城镇公共服务水平和提高承载能力为目的的基础设施、环境设施和促进小城镇产业发展的产业配套设施建设，以及传统文化的传承和保护。2017年2月，住房城乡建设部和国家开发银行发布了《关于推进开发性金融支持小城镇建设的通知》，指出开发性金融支持既是推动小城镇建设的重要手段，又是落实供给侧结构性改革的重要举措，要全面提升小城镇的建设水平和发展质量。2017年金融扶贫与产业扶贫要紧密衔接，发挥资本市场作用，盘活贫困地区特色资源，通过特色小（城）镇建设带动区域性脱贫，为特色小（城）镇建设提供多元化金融支持，推进经济相对落后的贫困地区特色小城镇建设①。截至2016年年末，国家开发银行新型城镇化贷款余额为1.04万亿元，支持小城镇建设项目439个，评审承诺额为3773亿元②。

内蒙古自治区是以蒙古族为主体的少数民族聚居区，民族文化特色鲜明。同时，内蒙古也是国家扶贫攻坚重点地区，有8个旗、县及以下小城镇分属国家“大兴安岭南麓片区”和“燕山—太行山片区”区域扶贫地区，受到国家高度关注。受各民族不同的生活习惯、宗教信仰及草原地域特征、经济发展水平等因素的影响，加之内蒙古生态环境脆弱、生态环境问题严重的自然背景条件，内蒙古小城镇的发展呈现出明显的地域性和多样性，分别形成了中部和东部地区的城镇密集带，小城镇数量占总数的79.94%，其中，呼、包、鄂地区的小城镇数量占13.38%，东部4盟、市小城镇数量占66.56%；形成了现代农牧业型、加工制造型、文化旅游型、生态宜居型、商贸物流型、大数据型、沿边口岸型、资源型等多种职能类型的小城镇。内蒙古按照“一核引领、中心带动，节点支撑、轴带推进，分区引导、集聚发展”的思路，着力打造“一核多中心、一带多轴线”的

---

① 《国家发改委、国家开发银行：关于开发性金融支持特色小（城）镇建设促进脱贫攻坚的意见》（发改规划〔2017〕102号）。

② 《住房城乡建设部、国家开发银行：关于推进开发性金融支持小城镇建设的通知》（建村〔2017〕27号）。

城镇空间结构，加快形成分工明确、布局合理、功能互补、错位发展、特色突出的城镇发展格局，培育发展特色城镇。内蒙古小城镇建设必须着力处理好小城镇发展与经济发展、小城镇发展与农牧区发展、小城镇发展与生态环境、小城镇规模与承载能力、人口集聚与功能集聚、城镇扩张与提高空间利用效率等关系。在内蒙古地区，镇对城镇化的贡献率达 41.6%，高于全国镇的贡献率平均值（镇人口/城镇人口）39.74%，贡献率较高。因此，内蒙古小城镇建设在民族地区城镇化过程中对于实现内蒙古科学发展、打造祖国北疆亮丽风景线具有重要意义。

"十三五"时期是内蒙古自治区经济社会发展的重要时期，在宏观经济下行压力较大的经济新常态下，认真贯彻落实党的十八大、十八届三中、四中、五中全会精神及习近平总书记系列重要讲话精神和自治区"8337"发展思路，牢固树立并切实贯彻创新、协调、绿色、开放、共享的发展理念，内蒙古自治区按照规划引领、分类指导、突出特色、传承文化的原则，加快推进内蒙古小城镇基础设施建设工作，为深入推进自治区农村牧区"十个全覆盖"工程、全面改善人居环境打好基础，对小城镇基础设施建设提出了新的要求。有重点地发展小城镇，发挥小城镇连接城乡的关键节点作用，坚持分类指导、差别化发展、择优培育，引导小城镇走特色化、集约化、现代化的发展道路。加强中心城市周边小城镇的统筹配套发展，增强为周边农村牧区提供服务的能力，逐步将其建设成为卫星城。推动远离中心城市的重点镇发展，通过提升其服务功能，将其发展成为面向周边农村的生产生活服务中心。重点镇要依靠毗邻的城市，坚持与特色产业发展相结合、与服务"三农三牧"相结合，建设成为发展现代农牧业、推进城乡一体化、促进农牧民就近就地城镇化的重要载体。对吸纳人口多、经济实力强的镇，赋予其同人口和经济规模相适应的管理权①。到 2020 年，全区形成 60 个左右的旗县（市）域中心城镇、189 个左右的重点镇、235 个以上其他小城镇②。

---

① 《国家新型城镇化规划（2014—2020）》。

② 《内蒙古自治区"十三五"新型城镇化规划》（内政发〔2016〕141 号）。

内蒙古自治区经过70年的发展，小城镇建设取得了很大的成绩。为加强内蒙古小城镇建设管理，根据国家有关法律法规规定，结合内蒙古自治区实际，早在1999年11月29日内蒙古自治区第九届人民代表大会常务委员会第十二次会议就通过了《内蒙古自治区小城镇规划建设管理条例》，并于2004年进行了修正，条例中对内蒙古小城镇基础设施规划、建设、管理及相关机构职责进行了初步的规定。内蒙古自治区在小城镇建设中以“典型引路，分类指导，重点突破，整体推进，全面提高”的发展方针，启动“一、十、百、千”试点工程，进一步推进城乡统筹发展。截至2016年年底，内蒙古自治区共有自治区级重点镇259个、国家级重点镇143个，并有29个城镇进入全国千强镇①。按照国家中央城镇化会议全面提升城镇化质量的部署和发展方向，创新理念，转变方式，内蒙古自治区党委、政府对推进城镇化提出了总体要求。2012年内蒙古自治区以支撑内蒙古经济发展的新动力为目标，统筹城乡区域协调发展，部署了“大力发展县域经济”的战略决策，突出了内蒙古小城镇建设对县域经济发展的促进和推动作用。2016年9月，为进一步加快内蒙古自治区特色小镇规划建设，充分发挥小城镇在城乡建设和经济社会发展中的作用，推动新型城镇化和城乡一体化发展，出台了《内蒙古自治区人民政府办公厅关于特色小镇建设工作的指导意见》，对拓宽内蒙古小城镇建设投融资渠道指明了方向，加大了开发性金融力度。截至2016年年末，国开行内蒙古分行支持新型城镇化贷款余额为2232.79亿元②，国开行发挥政府和市场之间的桥梁作用，以及综合服务功能和融资融智融商优势，进一步深化与住房城乡建设部合作，不断创新基础设施建设融资方式，积极支持地下综合管廊、海绵城市、特色小镇建设，特别是中央近期提出的北方清洁取暖等新型城镇化重点领域和重大工程，大力推进生态保护工程和绿色低碳产业建设，为新型城镇化提质扩容打下了坚实的基础。

---

① 赵秀清，白永平．以小城镇建设推动县域经济发展研究——以内蒙古为例［J］．内蒙古师范大学学报（哲学社会科学版），2015（4）：131-134.

② 资料来源：国家开发银行：www.cdb.com.cn.

小城镇基础设施投融资管理体制是小城镇改革与发展的重点，资金短缺是制约小城镇提高质量、扩大规模发展的主要约束条件。因此，巨额的基础设施建设资金来源、使用及管理是内蒙古自治区小城镇基础设施投融资管理体制中各级地方政府需要特别关注的问题。

近年来，内蒙古自治区在加快小城镇基础设施投融资体制改革方面取得了很大进展，小城镇基础设施建设在交通、供水、供电、燃气、绿化、污水处理以及垃圾处理等方面取得了重大进展。但是，在小城镇基础设施投融资管理体制中也存在一些不容忽视的问题和困难。随着社会经济和国家宏观政策的发展变化，内蒙古小城镇投融资管理主体政出多门，各级政府及政府内部各部门之间责任划分不清，缺乏规范的运作制度，基础设施投融资管理体制运行不畅，对小城镇基础设施建设的规模和质量有很大的制约作用。另外，依靠政府财政资金、银行信贷和土地出让等方式筹集基础设施建设资金的传统投融资方式已不能延续。因此，应结合内蒙古自治区蒙元文化的特点和草原特色，因地制宜地完善内蒙古小城镇基础设施建设投融资管理体制，构建国家、地方、社会和个人的多元化投融资管理体制①。

1.1.2 研究意义

美国城市地理学家纳瑟姆（Ray · M. Northam）提出世界城市化发展有一个共同规律“S”曲线，当城镇化水平处于30%~70%的区间时，是城镇化发展的最快阶段②，中国在改革开放近40年中经历了快速的城镇化进程，城镇人口从1978年的1.725亿飙升至2016年的13.78亿，常住人口城镇化率从1978年的18%上升到了2016年的57.35%，正处在城镇化高速发展阶段。从经济和金融角度来看，这一阶段的突出特征就是需要大量的资金投入，据国家开发银行预计，2016—2020年五年中国城镇化投融资资

① 冯丽娜．内蒙古草原生态保护的投融资体系构建［J］．生态经济（学术版），2013（2）：424-428.

② 辜胜阻，曹誉波，李洪斌．深化城镇化投融资体制改革［J］．中国金融，2013（16）：9-11.

金需求量将达到42万亿元，到2020年，如果政府债务率控制在60%以下，城镇化基础设施建设资金缺口可能达到20万亿元①。经验表明，每增加1个城镇人口，可带动城镇固定资产投资50万元，“十三五”时期内蒙古城镇化过程会刺激城镇基础设施投资的需求。预计到2020年内蒙古城镇化率将达65%左右，城镇人口将达1657.5万人，还需要追加约9588亿元的城镇固定资产投资②。因此，探索更为高效的基础设施建设投融资管理体制，构建多层次、多元化、市场化的投融资管理体制，建立政府、企业、个人多元主体共同参与的成本分担机制，引入社会资本，是内蒙古小城镇持续健康发展的重要保障，对内蒙古小城镇基础设施建设投融资管理体制具有一定的现实意义和应用价值③。

首先，小城镇是新型城镇化建设的重要载体，对基础设施投资具有巨大需求。小城镇发展的容量与空间在很大程度上是由基础设施水平决定的，直接关系到小城镇的经济、社会发展及人民生活水平的提高。中国的城镇化进程存在显著的地区差异，东部沿海地区的城镇化进程比西部内陆和边境地区成熟而快速。中西部地区尤其是小城镇发展缓慢，潜藏着巨大的投资空间。这种差异化的形成根源于地理位置、环境条件及财力状况、受关注程度等多种因素的影响，造成了空间上发展的不平衡。2015年东部地区城镇化率为64.33%，中、西部地区分别为50.89%和45.17%。从投资的角度看城镇化建设，据有关预测，到2030年我国城镇化率将达到65%~70%。按照国际经验，届时城镇化将进入相对稳定发展阶段，因此，内蒙古小城镇基础设施建设是重要的投资拓展空间，要建立有效的小城镇基础设施建设投融资体制，为实现小城镇战略提供有力的资金保证，从而促进小城镇基础设施的完善和镇域经济的发展。

其次，内蒙古自治区是国家扶贫攻坚战略重点，需加强特色小城镇的

---

① 宋伟农．新型城镇化建设的融资研究［N］．中国经济时报，2014-04-10.

② 王俊豪，付金存．公私合作制的本质特征与中国城市公用事业的政策选择［J］．中国工业经济，2014（7）：96-108.

③ 李秀萍．推进新型城镇化进程中的金融支持研究［J］．中国商贸，2014（1）：128-129.

培育。内蒙古是国家扶贫攻坚重点地区，有8个旗、县及以下小城镇分属国家“大兴安岭南麓片区”和“燕山—太行山片区”区域扶贫地区。促进内蒙古小城镇发展，对于缩小区域差距、加强民族团结、促进内蒙古新农村新牧区小城镇建设、实现可持续发展具有重要的现实意义。因此，要统筹兼顾，促进城乡协调发展，科学规划，调整和优化城镇体系，突出重点，积极引导小城镇健康发展；完善城镇体系，发展城镇经济，健全城镇功能，改善城镇环境，加强城镇管理。

最后，探索小城镇基础设施投融资管理体制的创新是推进现代投融资体制改革的要求。党的十八届三中全会将财政的地位提升到国家治理的高度，建立现代财政制度是我国进行新一轮财税体制改革的目标，其中，创新投融资体制、积极推广政府和社会资本合作（PPP）模式是我国推进现代投融资制度改革的要求。因此，应加强政府引导，营造良好环境，充分发挥市场作用，利用市场机制来构建小城镇基础设施投融资多元化体制，积极推广政府和社会资本合作（PPP）模式。

内蒙古小城镇基础设施建设投融资管理体制的研究不仅具有重要的现实意义，而且具有重要的理论意义。

第一，为丰富我国小城镇基础设施投融资理论和实践研究提供了必要的补充。通过对内蒙古地区小城镇建设的发展现状、投融资管理体制的梳理，找寻内蒙古特点与原有投融资理论的契合点，从理论上探索和完善适合内蒙古小城镇基础设施建设投融资管理体制调整的思路具有重要意义，可以弥补内蒙古小城镇实践研究的不足。

第二，为内蒙古小城镇建设中生态环境建设思路和政策调整提供理论和实践依据。从内蒙古生态建设和保护的实践来看，多年来，国家对生态环境建设进行了大量的投资，在政策上，从生态环境治理到退耕还林还草，再到草原生态移民，为内蒙古城镇化中的生态环境保护提供了有力的保障。通过小城镇基础设施建设与生态建设关系的研究，为内蒙古在小城镇建设和发展中开阔思路及调整政策提供了理论和实践上的帮助。

1.2 国内外相关文献回顾和评析

目前国内外对基础设施投融资的研究主要体现在两个方面：一是对基础设施基本属性的研究，主要包括基础设施概念的界定、政府在基础设施投融资中的角色定位和作用，以及基础设施投资主体、融资渠道、融资方式等方面；二是运用规范与实证分析方法，对基础设施投融资管理体制和基础设施投融资效率进行研究。

1.2.1 国外相关文献综述

1.2.1.1 基础设施界定的文献综述

不同学者在研究基础设施投融资管理体制时所使用的基础设施概念的内涵和外延不同（范九利等，2004）①。因此，关注基础设施概念的界定对研究基础设施投融资管理体制十分重要。自从阿肖尔（Aschauer，1989a②，1989b③，1989c④）发表了一系列文章之后，经济学家开始关注基础设施，成为一个新的研究热点，如国外的埃文斯和卡拉斯（Evans and Karras，1994）、霍尔埃金（Holtz-Eakin，1993）、Canning 和 Bennathan（2000）；罗珀和德哈恩（Romp and Dehaan，2007）；卡尔德隆和萨文（Calderon and Serwen，2004）等。发展经济学家首先对基础设施问题给予了重视。保罗·罗森斯坦-罗丹（Paul Rosenstein-Rodan，1943）首先提出了社会先行资本和社会分摊资本的概念，强调一个社会在一般产业投资前，要注重基

① 范九利，白暴力，潘泉．基础设施资本与经济增长关系的文献综述［J］．上海经济研究，2004（2）：36-43.

② Aschauer, D. A. Does Public Capital Crowd Out Private Capital?［J］. *Journal of Monetary Economics*, 1989（a）, 24：178-235.

③ Aschauer, D. A. Is Public Expenditure Productive?［J］. *Journal of Monetary Economics*, 1989（b）, 23：177-200.

④ Aschauer, D. A. Public Investment and Productivity Growth in the Group of Seven［R］. Economic Perspectives, Federal Reserve Bank of Chicago, 1989（c）, 3：17-25.

础设施的积累。保罗·罗森斯坦-罗丹（1966）[①] 认为，基础设施投资构成了国民经济整体的分摊资本。罗根纳·纳克斯（RagnarNurkse，1953）[②] 在“贫困恶性循环”理论中扩展了罗森斯坦-罗丹的基础设施概念界定，指出社会间接资本不仅包括公路、铁路、电力、供水和电信系统，还应包括学校和医院。他认为作为社会间接资本的基础设施部门应当分配较多的投资，来弥补社会发展不足的缺陷，同时认为基础设施建设需要政府投融资。姆里纳尔·达塔—乔德里赫（1952）在评述保罗·罗森斯坦-罗丹的大推进理论时，首次提出了基础设施的狭义和广义概念，认为狭义基础设施主要指市政公用基础设施和农田水利等设施，而广义的基础设施既包括狭义基础设施，又包括教育、科学研究、卫生及环境保护等方面。阿尔伯特·赫希曼（Albert Otto Hirschman，1958）[③] 进一步扩展了基础设施内涵，将法律、秩序也包括到基础设施范围之内，并提出了狭义基础设施和广义基础设施的界定条件。P. H. 库特纳提出了基础设施投资（社会先行资本）包含的 3 个要素，即服务性、难以流动性和规模经济性及持久的耐用性。舒尔茨（Schultz）和加里·S. 贝克尔（Gary·S. Becker）进一步拓宽基础设施的内涵，将其分为两类：核心基础设施和人文基础设施，这一分类被广大学者、政策制定和执行者所青睐。华尔特·惠特曼·罗斯托（Walt Whitman Rostow，1960）[④] 在分析和论证“经济发展阶段论”时，在强调基础设施的作用时使用了“社会先行资本”的概念，认为社会基础资本的先行建设是一个社会起飞必要但不是充分的条件。日本经济学家南亮进[⑤]（2008）认为基础设施是经济增长不可或缺的初期条件，可以称为社会间接资本。世界银行（1994）在《1994 年世界发展报告》“为发展提供基础设施”问题中对基础

---

① 罗森斯坦-罗丹．“大推进”理论笔记 [M]//H. S. 埃利斯．拉丁美洲的经济发展．纽约：圣马丁出版社，1966.

② [美] 罗根纳·纳克斯．不发达国家资本的形成问题 [M]．谨斋，译．北京：商务印书馆，1966.

③ [德] 赫希曼．经济发展战略 [M]．北京：经济科学出版社，1991：73-74.

④ Rostow，W.．经济成长各阶段 [M]．木村康健，等，译．东京：钻石出版社，1961.

⑤ [日] 南亮进，景文学，关权．经济发展的转折点：日本经验 [The Turning Point in Economic Development：Japans Experience] [M]．关权，译．北京：社会科学文献出版社，2008.

设施内涵进行了重新界定，将基础设施分为经济性基础设施（Economic Infrastructure）和社会性基础设施（Social Infrastructure），前者主要指铁路、公路、机场、通信、能源等，后者指教育、医疗卫生、体育、文化等。①

1.2.1.2 基础设施投融资管理体制的文献综述

马斯格雷夫和罗斯托（Musgrave and W. Rostow，1960）在公共财政研究领域中认为，在经济成长初级阶段，公共部门投资在总投资中占较高比重，其中最重要的投资领域就是城市基础设施，并且认为经济社会发展必须以提供基础设施为前提。英国经济学家 K. J. 巴顿（K. J. Barton，1970）认为，根据城市经济学原理，城镇化加速的发展中国家在满足急剧增长的流入城市的居民的基本需要中，最重要的就是筹集充足的资金进行基础设施投资，投资压力巨大，这是一个国家城市转型时期面临的重要问题。约瑟夫·斯蒂格利茨（Joseph Stiglitz，1998）在总结政府与其他经济组织的不同特点时指出，政府是具有其他经济组织所不具备的强制力的最普通性的组织。美国麻省理工学院教授梭罗（Lester Carl Thurow，1997）指出，只有政府对基础设施投资，才能将经济开发引向新领域，认为发展中国家基础设施投资尤其要重视政府的作用。

亚当·斯密②（Adam Smith，1776）在其经典著作《国民财富的性质和原因的研究》（The Wealth of Nations）中将基础设施表述为“公共机关和公共工程”，对基础设施的经济属性、范围和费用来源、日常维护等问题进行了详细、深入的阐述，认为交通基础设施的发展要与经济发展相适应，不同的基础设施其管理主体不同，并对基础设施费用如何妥善支付难题提出了收费和征税的解决方法。E. S. 萨瓦斯（E. S. Savas，2000）认为私人资本可以通过 4 种方式参与基础设施建设：合同承包、特许经营、补助和凭单。E. S. 萨瓦斯（2002）指出，充分发挥市场在资源配置中的决定性作用，积极推动

① 程哲，欧阳如琳，杨振山，等．中国城镇化进程中基础设施投融资时空格局与发展特征［J］．地理科学进展，2016，35（4）：440-449.

② 转引自［英］亚当·斯密．国民财富的性质和原因的研究［M］．谢祖钧，等，译．武汉：中南财经大学出版社，2003.

体制机制改革，政府应当退出市场竞争领域，强化和完善监管职能，切实维护公共利益，政府的角色应当是“舵手”，而不是“划桨”①。

（1）基础设施建设投融资主体与渠道研究

20世纪70年代以前，多数西方国家倡导由政府参与基础设施的投资和建设。亚当·斯密提出国家的职能之一是“建设并维持一些事业及公共工程”。凯恩斯（John Maynard Keynes）基于治理经济危机的角度，认为政府应通过对基础设施的投资达到调控宏观经济的目标，通过建设公共工程来刺激私人投资、增加社会就业②，发展经济学家罗森斯坦-罗丹（Pau Rosensten-Rodan）认为基础设施的投资建设必须强调政府的干预。由于新公共管理运动的影响，政府与市场的关系对基础设施投资建设等经济活动中的重要作用重新被人们所关注③。尤其是20世纪80年代以后，柯万（Kirwan，1989）等学者开始提倡引入市场竞争、私人资本及商业化原则参与基础设施建设的投融资体制研究，不再强调政府在基础设施建设中直接提供的传统认知，深化了基础设施投融资的研究。2000年以后，Lemi Poulomo等（2001）从项目区分理论角度研究基础设施建设投融资的主体与渠道，指出按项目是否收费可以分为可收费项目和不可收费项目，可收费项目的投资主体是公用事业公司或政府，可以通过企业留存收益、借款、债券、股权和税收等多种来源进行融资；而不可收费项目的投资主体主要是政府，融资来源主要包括税收、借款和债券④。Mats Anderson等（2003）认为，城市基础设施融资渠道主要包括用户收费、征收财产税和租金、银行借贷和市政债券以及政府间转移支付等途径，并且逐渐扩大市政债券等融资渠道。Roy Bahl等（2004）认为公共服务属性决定融资渠道的选择，对于能够带来普遍利益的公共服务，地方政府可通过征收地方税为公共服

① ［美］萨瓦斯E. S. 民营化与公私部门的伙伴关系［M］. 周志忍，译. 北京：中国人民大学出版社，2002.

② 潘胜强. 城市基础设施建设投融资管理及其绩效评价［D］. 长沙：湖南大学，2007.

③ “基础设施这个具有积聚性特征的领域无疑要求计划化，通常的市场机制不能提供最合适的供给”。

④ 王悦现. 中国城市轨道交通投资管理研究［D］. 武汉：武汉理工大学，2011.

务供给进行融资；对于具有区域性内部效益和外部性的服务，可通过征收税收和上级财政拨款筹集资金，而只具有区域性外部效益的服务，则通过上级拨款融资；可以定价但具有外部性的服务应该通过向用户收费来解决；可定价但没有外部性的服务则可由私人部门来投资经营。世界银行（2003、2004）认为发展中国家基础设施投融资管理体制应“向以市场为基础的体制转变”。基础设施建设融资来源除了税收和政府借款，应探索新的融资渠道，如建立基础设施开发银行和基础设施建设基金。基础设施建设投融资应扩大国内资本市场，使其更有效率地、可持续地为基础设施投融资服务。在世界银行看来，随着政府行政管理能力和国内资本市场的日益成熟，基础设施投融资呈现出由项目融资向专业性基础设施金融机构融资，再向资本市场融资的发展趋势。

（2）基础设施建设投融资方式的研究

融资工具的创新在基础设施建设投融资主体多元化和融资方式多样化中得到了应用。Peter K. Nevitt（1995）认为项目融资可以使基础设施投融资主体多元化，并对项目融资①的内涵进行了阐述。Keynes，Hicks，Kaldor等在货币理论中最早提及和考虑到了最优投资组合分配的观点。William Sharpe（1961，1964）和 John Lintner（1965）通过资产定价模型（CAPM）为最优投资组合选择提供了可计算的可行性。Richard Roll（1978）对资产定价模型（CAPM）进行了一系列实证上的批判。Robert Merton（1973）和Stephen A. Ross（1976）对资产定价模型进行了改良。通过融资工具和融资方式的创新，为引入各种社会资本（民间资本、各类企业的资金、各种贷款、外资等）进入基础设施建设提供了途径。主要的投融资方式有股权模式（ABS，PFI）、债权模式（银行贷款和信托融资等）、混合模式（股权信托、可转换债券、融资租赁等）。土耳其总理土格托·厄扎尔（1985）从某些公共工程私营化以解决政府的资金短缺问题角度出发，首先提出了

① Peter K. Nevitt 认为，项目融资是为一个特定经济实体所安排的融资，其贷款人在最初考虑安排贷款时，满足于使用该经济实体的现金流量和收益作为偿还贷款的资金来源，并且满足于使用该经济实体的资产作为贷款的安全保障。

基础设施常见的融资方式 BOT（Build-Operate-Transfer）的概念。世界银行（1994）在发展报告中也给出了 BOT[①] 的定义。

1.2.1.3 小城镇建设和发展方面的文献综述

英国近现代规划大家霍华德提出的“城乡磁体”学说，与中国的城乡统筹协调发展的观点有异曲同工之妙，他提出建设兼有城、乡优点的“田园城市”[②]。阿瑟·刘易斯（Arthur Lewis，1954）认为随着经济的发展，劳动力开始转移，一方面，劳动力从农业部门开始向现代工业部门转移；另一方面，城市经济部门吸收农业部门剩余劳动力，这样小城镇自然地被分化出来，一部分小城镇发展成为城市，大部分小城镇变成农村基层服务中心，并提出了二元经济结构模型[③]。彼得森（1995）认为小城镇是农村地区和高水平的城市层级的中介。Vaishar（2004）在检查小城镇在摩拉维亚的生长因子中观察到小镇的地理位置在其现有和未来中扮演一个重要的角色的意义。奥乌苏（2008）指出影响小城镇建设和发展的影响因素包括更广泛的社会经济因素，如世界银行或国际货币基金组织（IMF）启发结构调整计划，其他更广泛的影响因素包括权力下放和地方政府改革，小城镇也受到地区或地方的影响因素，如农民农业扩张和商业化，结合地理因素，包括位置主干道路和采矿活动，受益于大型城市中心的溢出效应。Ashfaque Alam（2016）[④] 通过对 2011 年小城镇相对于其他类城镇十年人口的增长率，推断出功能性因素和空间因素在小城镇的发展中都起到了非常重要的作用。功能性因素包括教育、卫生、服务和金融设施；空间因素包

---

① 世界银行把 BOT 定义为：政府给予某些公司新项目建设的特许权时，通常采取 BOT 的方式。私人合伙人或某国际财团愿意自己融资建设某项基础设施，并在一定时期内经营该基础设施，经营期满后，将此基础设施移交给政府部门或其他公共机构。

② King，Robert，G.，Lensink. Financial System Development In Transition Economies ［J］. *Journal of Banking & Finance*，2000（24）：507-524.

③ Arthur Lewis. Economic Development with Unlimited Supply of Labour ［J］. *The ManchesterSchool of Economic and Social Studies*，1954（3）：416.

④ Ashfaque Alam. Spatio-Functional Determinants of Small Towns：A CaseStudy of Selected Indian Small Towns ［J］. *The Applied Regional Science Conference（ARSC）and John Wiley & Sons Australia，Ltd.* 2016，28（2）.

括位置和可访问性。Gregory 和 Hermeberg（2010）通过 1825—1911 年的 GIS 数据对英格兰与威尔士地区铁路线路与城市化模式之间的因果关系进行了实证研究，经过研究发现，铁路线路的拓展及铁路站点的设置对英格兰和威尔士地区的小城镇发展有重大影响①。Greg Halseth 和 Laura Ryse（2016）② 认为成功的小城镇发展通常是由“自下而上”的能力和“自上而下”的公共政策协同作用的。自上而下的、支持性的政策和政府高级活动是必要的，发展全面的，更有凝聚力反映快速增长。Reece Alvarez（2016）③ 指出基础设施建设基金是国家小城镇经济援助计划的一部分，这部分基金主要用于小城镇及较小社区的基础设施建设和资本改进项目。“小镇”是一个雅致尚未达到充分的活力的定居地。

1.2.2 国内相关文献综述

国内学者在国外学者研究成果的基础上，结合中国的实际，从基础设施的界定、政府在基础设施投融资的作用、基础设施投融资管理体制等方面进行了探讨。

1.2.2.1 政府在基础设施投融资中作用的文献综述

20 世纪 80 年代以前，国内对基础设施投融资体制研究不够关注，学者们的研究既不深入也不系统。80 年代以后逐渐开始关注基础设施投融资问题。钱家俊、毛立本（1981）提出了狭义的基础设施概念，表述为“基础结构”。樊纲（1990）、魏礼群（1993）提出交通运输、通信、水利、城市供水、排水、供气、供电等公用设施属于经济性基础设施的范畴④。邓淑莲（2001）阐述了基础设施的特性。此外，黄金川、黄武强、张煜

① Gregory and Henneberg, J. M. The Railways, Urbanization and LocalDemography in England and Wales 1825-1911 [J]. *Social Science History*, 2010, 34 (2): 199-228.

② Greg Halseth and Laura Ryse. Rapid Change in Small Towns: When Social Capital Collides with Political/Bureaucratic Inertia [J]. *Community Development*, 2016, 47 (1): 106-108.

③ Reece Alvarez. Towns Receive Infrastructure Grants [J]. *Fairfield County Business Journal*, 2016: 20-21.

④ 李建华. 我国城市基础设施投融资研究文献综述 [J]. 技术经济与管理研究, 2015 (9): 114-117.

(2011)，谭崇台（1989），王辰（1998）等学者对基础设施内涵进行了考察。张军等（2007），郭庆旺、贾俊雪（2006），张克中、陶东杰（2016），张学良（2012），孙早、杨光、李康（2015）等认为基础设施投资对经济增长有促进作用。吴庆（2001）认为政府对于基础设施的良好规划和需求预测可以大大地提高基础设施的投资效率，并且要建立地方政府的激励合作的利益和监督机制①。张秀利等（2014）认为我国的城镇化是政府主导型的城镇化，地方政府在小城镇基础设施建设投融资中应发挥主导作用②。贾康等（2013）指出当前基础设施建设中主要靠国家财政资金和地方政府融资平台的重要作用，建设资金除了财政资金外主要来自于土地出让为主的基金收入和融资平台提供的银行信贷③。邓淑莲（2001）指出了基础设施的规模经济性，认为消费上的效益外溢性和非排他性决定了政府在基础设施的提供和融资方面具有重要作用④。王守清等（2008a）⑤ 提出加强鼓励和引导社会资本进入基础设施建设领域，积极采用政府与社会资本合作（PPP）模式，该模式具有降低地方政府债务风险、缓解财政投资压力、提高公共物品的供给效率和质量、合理分担风险、转变政府职能等优点⑥。柯永建等（2008）⑦ 认为 PPP 引入中国以来在诸多领域和项目上既获得了成功，也积累了丰富的经验，有可能在基础设施和城镇化发展中进一步较大规模地推广应用，发挥更大的作用。潘宏胜、黄明皓（2014）⑧ 指出地方政府在基础设施投融资中的作用和定位是调节市场失灵、解决公共物品供给问

---

① 吴庆．政府在基础设施投资中应该发挥的作用［J］．财政研究，2001（2）：58-60.

② 张秀利，祝志勇．城镇化对政府投资与民间投资的差异性影响［J］．中国人口·资源与环境，2014，24（2）：54- 59.

③ 贾康，赵全厚，刘军民，等．城镇化进程中的地方政府融资研究［J］．经济研究参考，2013（13）：3-25.

④ 邓淑莲．基础设施与经济发展关系探析［J］．山东财政学院学报，2001，4（54）：33-38.

⑤ 王守清，柯永建．中国的 BOT/PPP 实践和经验［J］．投资北京，2008b（10）：82-83.

⑥ 王守清，柯永建．特许经营项目融资（BOT、PFI 和 PPP）［M］．北京：清华大学出版社，2008a.

⑦ 柯永建，赵新博，王盈盈，等．民营企业发展基础设施项目的 SWOT 分析［J］．商业研究，2008（12）：7-11.

⑧ 潘宏胜，黄明皓．部分发达国家基础设施投融资机制及其对我国的启示［J］．经济社会体制比较，2014，1（171）：24-30.

题，在发挥政策性融资机制的基础上，鼓励市场机制和社会资金参与基础设施建设。詹卉（2014）[①] 从基础设施全周期角度动态地分析了基础设施提供需要政府与私人共同参与合作，特别是当我国地方政府财政资金无法满足基础设施建设需求时，更需要在公私合作机制融资模式上进行创新和突破。

1.2.2.2 基础设施投融资管理体制的文献综述

20 世纪 90 年代以后，随着基础设施投融资体制改革的逐渐深入，有关基础设施投融资体制的研究开始大量出现。在分析传统投融资体制存在问题的基础上，对投融资体制改革有针对性地提出了相应的对策建议。建设部课题组（2002）在研究报告中指出基础设施投融资体制改革需要解决的关键问题是政府越位和市场缺位。温来成（2005）[②] 认为城镇基础设施建设应以市场化、民营化为主要方向，针对市场监管、投资方式等问题，政府需要调整财政投资范围，配合公共设施服务市场监管，有效控制城镇财政债务风险，调整投资管理权限，完善公共设施投资管理体制，对建制镇应由镇政府集中管理基础设施投资。邓淑莲（2003）认为我国基础设施投融资管理体制完全由政府主导，但同时政府在财政税收政策以及相关补贴方面存在“缺位”。温来成（2011）[③] 分析了城市基础设施与政府财政职责，指出应分行业、分领域地界定基础设施建设政府投资范围，同时对政府内部职责应建立以财政部门为主体的基础设施投融资管理体制。姜伟新（2001）认为我国基础设施长期投资不足、资金短缺的重要原因是没有建立有效的投资决策体制，应明确投资、决策、收益、风险的主体。国家发改委国际合作中心（2008）通过国际经验借鉴，认为市场化改革可以缓解政府的财政压力，提高基础设施建设的质量和效率。彭清辉（2012）[④] 认为，基础设施投融资体制改革的核心问题就是基础设施投融资模式的选

---

① 詹卉. 基础设施生命周期理论与投融资 PPP 模式研究［J］. 地方财政研究，2014（1）：63-67.

② 温来成，张琦. 城镇公共设施投资体制改革及其财政政策选择［J］. 中央财经大学学报，2005（2）：14-16.

③ 温来成. 城市基础设施建设与地方政府财政投融资管理体制问题研究［C］. 中国行政管理学会 2011 年年会暨“加强行政管理研究，推动政府体制改革”研讨会论文集，2011：555-559.

④ 彭清辉. 我国基础设施投融资研究［M］. 长沙：湖南师范大学出版社，2012.

择和确立过程。从政府的视角来看，在使基础设施投资最有效率的投融资体制框架下，研究基础设施投资边界确定、投融资模式的选择及运作方式。扬军（2003）认为应充分发挥市场机制，鼓励民间资本进入基础设施投融资领域是解决基础设施发展中资金短缺问题的关键。潘伟荣（2002）从市政债券发行的角度研究了基础设施建设中的问题及对策措施。程哲、欧阳如琳、杨振山等（2016）①立足于地理视角，利用全国各省、市的基础设施投资面板数据，从空间的相关性、异质性以及发展的阶段性，对基础设施投资规律进行研究，指出了基础设施投融资的时空格局及演变过程中的阶段特征及影响因素，为政府在城镇化进程中基础设施投融资的决策提供参考。蒋时节等（2009）②、武力超等（2010）、孙虎（2013）③、谭俊涛等（2014）④ 认为基础设施投资不仅与经济有着密切关联，而且与城镇化的相关性也较显著。王元京、张潇文（2013）⑤ 从谁来投资、钱从哪来以及钱如何用 3 个方面分析了地方政府基础设施投融资体制存在的问题，并从投资体制创新、筹资渠道拓宽与投资方式转变 3 个方面构建和设计了基础设施投融资体制。郭兴平、王一鸣（2011）⑥ 通过对美国、加拿大基础设施投融资管理体制的分析，指出应规范地方政府行为，适当扩大县级政府的财政支配能力，促进投融资主体多元化和融资方式多样化，构建中国县域城镇化投融资体制。石亚东、李传永（2010）⑦ 提出应在投资、建设、经营和政府监管 4 个层面的创新上改革基础设施投融资管理体制。

---

① 程哲，欧阳如琳，杨振山，等．中国城镇化进程中基础设施投融资时空格局与发展特征 [J]．地理科学进展，2016，35（4）：440-449.

② 蒋时节，周俐，景政基．分类基础设施投资与城市化进程的相关性分析及实证 [J]．城市发展研究，2009（9）：61-64.

③ 孙虎．基础设施投资与城镇化相关性的研究：基于升级面板数据的分析 [D]．沈阳：辽宁大学，2013.

④ 谭俊涛，张平宇，李静．三江平原垦区基础设施建设对区域城镇化的影响 [J]．地理研究，2014，33（3）：501-508.

⑤ 王元京，张潇文．城镇基础设施和公共服务设施投融资模式研究 [J]．财经问题研究，2013，（4）：35-41.

⑥ 郭兴平，王一鸣．基础设施投融资的国际比较及对中国县域城镇化的启示 [J]．上海金融，2011（5）：22-27.

⑦ 石亚东，李传永．我国城市基础设施投融资体制改革的难点分析 [J]．中央财经大学学报，2010（7）：62-65.

1.2.2.3 地方政府基础设施建设投融资效率的文献综述

李嘉荣、王钟（2005）基于埃德蒙德·菲尔普斯的观点，指出我国西部城市基础设施投融资效率有待提高，每年固定资产流失严重达千亿元，造成基础设施建设的资金缺口越来越大①。孙慧、王媛（2008）用 Malmquist 指数分析河北省 11 个地级市的城市基础设施投资效率，指出各个地级市“八五”时期至“十五”时期效率的变化②。伍文中（2011）将地方政府行政效率同城市基础设施建设投资效率联系起来，运用 DEA 模型对 2001—2008 年各省的城市基础设施建设投资效率进行研究，并进一步分析了投资效率对 GDP、外商直接投资以及城市化水平的影响③。胡宗义、鲁耀纯、刘春霞（2014）运用三阶段 DEA 方法对我国 2012 年的城市基础设施建设投融资效率进行了分析，选用资金来源结构和资金投向结构两个方面的投入指标，并对影响投融资效率的因素进行分析。经过分析发现，中西部地区城市基础设施投融资效率主要受规模效率制约，东部地区主要受纯技术效率制约；影响因素上，受环境因素影响较大；其中，人力资本、经济发展水平和科技创新水平较高的省份在城市基础设施建设投融资效率方面占有优势④。李忠富、李玉龙（2009）应用数据包络法分析了我国 31 个省、市在 2003—2007 年的基础设施投融资绩效水平。其中，北京、天津、上海和边疆少数民族地区基础设施投融资效率较高，中部省、市的基础设施投资效率相对较低，提出要突破省际限制优化中部省市的基础设施投资配置。⑤。乌兰、伊茹、马占新（2012）运用 DEA 方法对内蒙古 9 个地级市 2009 年基础设施的投资效率进行了评价，结果显示基础设施投资效率均

---

① 李嘉荣，王钟．西部城市化与基础设施投融资效率分析［J］．探索，2005（6）：144-148.

② 孙慧，王媛．基于 DEA 的 Malmquist 指数在城市基础设施投资效率评价中的应用［J］．科技进步与对策，2008（10）：97-99.

③ 伍文中．基础设施投资效率及其经济效应分析——基于 DEA 分析［J］．经济问题，2011（1）：41-45.

④ 胡宗义，鲁耀纯，刘春霞．我国城市基础设施建设投融资绩效评价——基于三阶段 DEA 模型的实证分析［J］．华东经济管理，2014，28（1）：85-91.

⑤ 李忠富，李玉龙．基于 DEA 方法的我国基础设施投资绩效评价：2003—2007 年实证分析［J］．系统管理学报，2009（3）：309-315.

值为0.73，总体水平不高，并且各地之间的差异较大。宋清等（2011）① 用数据包络分析方法，对京、津、沪农村基础设施的投资效率进行比较分析，并提出了加大多元化投资力度、优化投资结构、严格规范投资管理等方面的对策建议。黄庆华、姜松（2016）② 通过对重庆市116个小城镇环境基础设施投资效率的测度分析，认为效率改进应区分项目的经济属性，政府和市场合理分工；创造项目市场化条件，尽量发挥市场的力量；发展市场化融资手段，充分利用市场资金；创新投融资体制。

1.2.2.4　小城镇建设和发展思路方面的综述

对于小城镇建设和发展，张定青、孙亚萍、郭伟（2017）③ 以陕南小城镇为例，认为小城镇特色源于其特色资源，尤其是自然环境及历史文化，它是城镇生存与发展的重要依托。应准确定位城镇的特色发展方向，融入生态与人文理念。沈茂英（2010）④ 认为民族地区小城镇的发展存在小城镇体系发展滞后、空间分布失衡、建制镇发展的产业支撑以及小城镇发展的自然环境约束等问题。梅世文（2006）⑤ 认为稳定的资金来源是小城镇及区域建设的重要保障，政府应在财政政策上对小城镇建设和发展给予支持。杨盛桃、苏明华（2008）在文章中探讨了基础设施在小城镇建设中的重要作用，他们认为小城镇建设成败的关键之处就是基础设施数量和质量。在小城镇发展模式方面，费孝通（1985）认为中国的城镇化走小城镇模式，并提出如“苏南模式”“温州模式”等不同的小城镇发展模式。《中国城市发展报告》（2005）根据各地区不同的资源特点、区位条件、工业基础等，把小城镇划分为大城市辐射推动型、产业推动型、资源推动型

---

① 宋清，胡雅杰．京津沪农村基础设施投资效率的比较研究——基于DEA方法的实证分析［J］．东北财经大学学报，2011（9）：28-33.

② 黄庆华，姜松．小城镇环境基础设施投资效率及其改进——重庆市116个小城镇的考察证据［J］．西南大学学报，2016（4）：90-95.

③ 张定青，孙亚萍，郭伟．基于生态与人文理念的小城镇特色规划设计策略——以陕南小城镇为例［J］．城市发展研究，2017，24（1）：56-62.

④ 沈茂英．少数民族地区人口城镇化问题研究——以四川藏区为例［J］．西藏研究，2010（5）：112-120.

⑤ 梅世文．小城镇发展的国际经验与模式——兼论开发性金融对小城镇发展的支持［J］．社会科学导刊，2006（3）：111-115.

等5种类型，分析了小城镇发展模式的内涵、动力机制、演变过程等。向俊宇（2007）认为我国小城镇基础设施建设存在3个层面的问题：一是在小城镇的发展过程中，政府作为小城镇的管理者的作用是非常重要的。二是政府作用的缺位和错位导致我国小城镇基础设施建设投融资存在巨大的资金缺口，而造成资金短缺的主要原因是小城镇基础设施建设投融资管理体制的不完善。三是小城镇基础设施建设中的征地拆迁存在拆迁行为不规范、征地补偿偏低等问题。王召东（2006）认为小城镇基础设施建设中存在资金短缺、规划不到位等问题。王元京（2003）[①] 总结和分析了美国、加拿大和韩国的经验后指出，要重视小城镇的基础设施建设，但是对于资源短缺、经济欠发达地区的基础设施建设标准要充分考虑经济实用性，发展节能型、节地型和省钱型基础设施。

1.2.2.5 小城镇基础设施投融资管理体制研究

朱厚玉（2012）认为完善小城镇建设投融资机制至关重要。通过比较借鉴相关省、市的经验，应设立小城镇建设财政专项资金，发挥财政资金的引导和杠杆作用；构建专业化小城镇投融资平台，以市场化方式进行多元筹资；完善财税政策，鼓励和引导金融机构特别是国家开发性金融机构，加大信贷投入；积极探索实施小城镇项目融资，有效地利用社会资金，努力形成政府推动、市场运作、专业化管理的小城镇建设投融资新机制。周建国、勾廷文（2000）认为基础设施建设投资应转向多元化的投资主体和市场化的投融资方式。国家在政策层面要为民间资本及外商资本的进入提供便利条件，消除准入限制。肖林（2001）认为对于资金密集型的大型基础设施应考虑项目融资方式，这种方式具有无追索权或者是有限追索权，可以有效地缓解资金短缺对基础设施的制约。同时分析了资产证券化在项目融资中存在的法律和市场层面问题，在基础设施债券设计上提供了研究思路。孟祥林（2005）从基础设施基本属性出发，按照是否可经营将基础设施进行分类，根据不同类型的基础设施分别采取不同的市场化融

---

① 王元京．中国基础设施建设应该注意什么：美国、加拿大基础设施建设对中国的启示[J]．经济视角，2003（8）：27-30.

资方式，引入民间资本，改善政府单一投资对城镇基础设施建设的制约。宋艳丽（2014）[①] 认为开发性金融可以有效破解小城镇发展的资金及体制“瓶颈”问题，通过科学规划、搭建小城镇投融资平台、整合多方资源、创新多元投融资主体等模式，在金融支持小城镇的发展中发挥重要作用。

（1）小城镇建设投融资体制研究

罗炳锦（2011）认为要解决市场经济条件下小城镇建设中遇到的种种问题，需要建立一个能协调政府与企业的调控组织，使政府和企业能及时沟通，避免小城镇建设管理效率的低下。晏志谦（2008）认为小城镇建设应充分利用民间资本，构建多元化投融资体制，为小城镇建设筹措资金。柯艺高（2006）通过对贵州省小城镇的调研分析，指出了贵州省小城镇建设过程中存在的问题，并提出相应的对策建议。张艳纯、葛小南（2008）[②]认为小城镇基础设施对于不同的项目要分门别类地进行建设，分清职权界限，多元化投融资主体和渠道。建设部课题组（2002）指出小城镇建设的质量和效率是小城镇发展的关键，在基础设施建设投融资体制创新上，要考虑设立专业银行或专项基金以及推进资本市场融资。张静、王煌宇（2007）通过对法国、阿塞拜疆、保加利亚、乌克兰 4 个国家的农村投融资体制的研究，认为在小城镇的建设发展中应强调政府的引导作用，与市场进行多方面、多渠道的合作，运用综合协调手段加大财政支持力度，完善制度建设和法律，保障小城镇建设持续、健康发展。阳小华（2005）认为积极寻求小城镇投融资体制改革、引导社会资本参与小城镇建设，是解决小城镇建设中的矛盾和问题的有效途径。郭文生（2003）认为小城镇所在县、镇政府财力不足以及小城镇投融资环境差，造成了小城镇在基础设施建设上投融资效率的低下，因此，应推进小城镇投融资体制改革，改善投融资环境。

郭亮等（2012）以北京小城镇为例，分析了小城镇在投资主体、融资

---

① 宋艳丽．开发性金融支持小城镇发展的策略研究［J］．农业经济问题，2014（1）：61-65，111.

② 张艳纯，葛小南．完善小城镇建设投融资机制的思考［J］．社会科学家，2008（2）：129-131.

渠道等方面的投融资问题，指出要加强开发性金融力度，推进小城镇建设，提出通过产业投资基金模式实现产业资本和金融资本的融合。李若冰、郑文鹏（2016）以黑龙江小城镇为例，结合国内外小城镇基础设施投融资体制启示，从小城镇建设基金、政策性金融、商业银行参与小城镇建设以及 PPP 模式的推广等方面，提出了创新小城镇建设投融资体制的思路。杨飞雪、王娟、李丽红（2010）以云南省小城镇为例，运用实证数据分析了小城镇基础设施建设投融资中存在的投资需求矛盾、融资渠道单一、新型融资模式难以推广等问题。并指出存在这些问题的原因是小城镇经济基础薄弱、产业集聚小、政府缺乏多渠道融资意识，以及规模小、利益驱动等阻碍了融资。陈旭琳、邹晓峰、张瑞彬（2010）结合当地经济发展水平，依据地方经济资源特色，总结了 4 种投融资体制模式，指出在投融资体制改革中应明确政府的定位，坚持政府行政引导与市场化运作相结合。胡慧茹（2006）通过选取国内典型小城镇，分析了基础设施建设投融资中存在投融资主体单一、融资渠道狭窄等问题，从政府职能的转变、多元化投资主体的构建和投融资渠道的拓展等层面对小城镇基础设施建设投融资管理体制框架进行了描述。

（2）小城镇基础设施投融资方式选择方面

郑卫（2013）① 认为由于政策体制及市场化程度的原因，小城镇基础设施投融资体制创新必须结合自身特色引入社会资本和建立小城镇基金，不能沿用城市基础设施的投融资体制，要避免投资不足和重复建设并存。陈尽忠（2002）认为通过吸引民间资本进入基础设施建设领域，可以有效缓解政府财政压力，对于公路、铁路、水电站和火电站等基础设施采用 BOT 项目融资方式。蔡临申（2006）通过将 BOT 与 PPP 模式进行对比，指出 BOT 模式的不足及 PPP 融资模式在吸引社会资本中具备的优势，概括了我国基础设施建设中包括 ROT、ABS 等在内的融资模式。万冬君（2006）② 通过 PPP

① 郑卫. 新型城镇化进程中小城镇基础设施建设创新发展研究 [J]. 经济师，2013（6）：60-61.

② 万冬君，王要武，姚兵. 基础设施 PPP 融资模式及其在小城镇的应用研究 [J]. 土木工程学报，2006，39（6）：115-119.

与传统融资方式的比较，指出公共部门与私人部门合作的关键在于对风险的有效分配。王克冰（2009）创新地利用博弈论探讨了地方政府投资效应，认为各地方政府需要在各区域相互融合发展上努力，进而剖析了政府职能与投融资的关系。王铁军（2006）提出了22种投融资模式。吴树波、谭畅（2006）① 以湖南省小城镇为例，分析了湖南省小城镇的投融资现状，提出了投融资创新的具体思路，并强调金融体制改革应减少并最终消除金融歧视。孟文新（2009）认为政府应通过构建良好的农村金融环境，保证金融机构平稳运行，恢复农村金融生态系统，为小城镇建设提供投融资支持。蒋晓岚（2016）以安徽县城小城镇为例，指出了县以下小城镇在投融资管理体制中存在的障碍，认为对基础设施应分行业、分领域地采用差别化的投融资方式。郭斌（2014）② 以西安8个试点小城镇2007—2011年的基础设施投资为例，指出资源要素配置利用的无效和规模集聚效应的低下是导致小城镇基础设施投资综合效率出现衰退的原因。黄芳芳（2016）③ 认为保证小城镇基础设施建设资金的持续需要加强对特色小镇的培育。对于财政实力比较弱的地区，可以采用PPP融资模式。这种模式是由政府单方或联合银行等大型金融机构出资建立引导基金，通过社会资本参与子基金的设立并针对特定领域或特定项目进行投资。张天浩、丁伯康（2017）④ 认为推进特色小镇发展要注重“产”“城”互动，将基础设施建设与良好产业发展有效融合，通过PPP模式可以发挥民间资本的优势，解决政府资金困难，但是要明确政府所承担的责任和义务。

1.2.3 国内外文献评析

综上所述，国外学者对基础设施概念的界定和对基础设施的内涵理解

① 吴树波，谭畅．湖南省小城镇建设投融资机制探索［J］．特区经济，2006（11）：205-206.

② 郭斌，宛鹏，胡金玉．小城镇基础设施投资效率评价——以西安试点小城镇为例［J］．会计之友，2014（5）：98-101.

③ 黄芳芳．以PPP模式打造特色小镇［J］．经济，2016（35）：68-71.

④ 张天浩．丁伯康：PPP模式助力特色小镇战略落地［J］．经济，2017（1）：53-54.

存在很大差异，分别从基础设施投融资主体、投融资渠道和投融资方式等多个方面研究了基础设施投融资管理体制问题。在基础设施投融资主体方面，国外学者的研究路径从强调政府在基础设施投融资中的主导作用发展到引入市场机制参与基础设施的建设，再到多元化的基础设施投融资主体，并对投融资主体从单一到多元化的优劣势进行了深入的理论分析；在基础设施投融资渠道方面，基于基础设施的基本属性及项目可区分理论，探讨了不同性质的基础设施可以采取不同的投融资渠道，包括用户收费、税收、银行贷款、市政债券及财政转移支付等多种渠道；在基础设施投融资方式方面，随着融资工具的创新，可以通过多种手段引导社会资本进入基础设施建设，形成了多样化的融资方式，包括股权模式、债权模式及混合模式等，并对不同的融资方式进行了比较和分析。

国内学者基于多种理论分析框架，从地方政府投融资决策、多元化投融资主体、多样化融资方式及基础设施投融资效率等方面对小城镇基础设施投融资管理体制进行了研究，研究内容涉及投融资管理体制的各个环节。在地方政府投融资决策方面，对各级政府的责、权、利以及政府内部各部门的职责分配进行了分析；多元化投融资主体和多样化融资方式方面，开始注重政府与社会资本的合作，积极推广 PPP 模式，强调在基础设施投融资体制中要处理好政府与市场、政府与社会的关系，实现基于政府、市场、社会良性互动的国家治理体系现代化，注重政府、市场与社会的有效耦合和整合，这样才能使基础设施投融资体制高效运行；在基础设施投融资效率方面，国内学者运用 SFA 和 DEA 等多种计量方法实证评估了基础设施投融资效率。

现阶段，国外学者在研究小城镇基础设施建设和发展时强调的是“自下而上”的能力和“自上而下”的公共政策的协同，通过各种生长因子对影响小城镇基础设施建设和发展的影响因素，以及从溢出效应方面给小城镇基础设施建设提供了很好的研究视角。国内学者结合本国特色，在理论和实践方面都有大量有关小城镇基础设施建设的研究和案例，财政学、社会学、政治学等不同学科和多种研究思路并存。但是，国内在小城镇基础设施建设投融资方面的研究主要集中于经济快速增长地区，对自然环境和经济发展不同地区的差异化研究较少，尤其是边疆少数民族地区和生态脆弱区的小城镇投融资机理研究很少。这是本文所关注的核心问题，主要探讨内蒙古小城镇基础设施建设投融资管理体制问题。

1.3 研究的基本概念界定

1.3.1 小城镇

关于小城镇的概念，尚未形成统一的定义，国内外对小城镇有不同的提法（见表 1-1）。国外多数国家也有镇的建制，但“镇”的含义在各个国家不尽相同，有些国家对“镇”的概念界定不明确。

表 1-1 国内外关于小城镇的提法

国外小城镇的提法	国内小城镇的提法
瑞士将人口 5000 人左右的地区视为小城镇；日本将 2 万~15 万人口的地区视为小城镇；加拿大把 300~1 万人口的地区视为小城镇；澳大利亚的小城镇则多指农村社区；而美国 200 人的社区就可申请设镇。在联邦制国家，“镇”不是联邦政府设立的一级行政区，而是由规模上达到一定标准的居民社区自愿申请设立，如在美国，200 人的社区就可申请设镇。国外小城镇往往有独立的行政区划，并不隶属于某一城市，有一定的自治权。镇是一级独立的、法定的、有一定行政辖区边界的行政区划单位，与所在的郡（县）、市没有行政级别高低之分，没有行政领导与被领导的关系，而是有着高度自治权利的地方政府。另外，很多国家的镇不是以人口规模而定的，如美国康涅狄格州的哈特福德（Hartfort）的人口为 6.1 万，其名称为镇（Town）；加利福尼亚州洛杉矶郡的维克尼科（Wiknick）的人口只有 100 人，却被称为市（City）；明尼苏达州有 375 个市的人口少于 500 人，却有 552 个镇的人口超过 500 人，其中一个镇的人口在 1 万人以上。在英格兰、北爱尔兰、威尔士，有一定规模能组织起来建制的地方、得到君主许可，统称为镇，但很多镇人口都在 5 万人以上	小城镇在我国是一个使用频率较高的通用名词，费孝通（1985）认为小城镇是依托农村发展起来的比乡村社区更高一层次的社会实体，是“一种正在从乡村性的社区变成多种产业并存的向着现代化城市转变中的过渡性社区”，他认为小城镇已脱离了乡村社区的性质，但没有完成城市化的进程。”他全面、明确地阐述了小城镇的内涵，为后来的学者普遍继承。石楠（2008）认为，小城镇是一个约定俗成的概念，并总结了使用这个概念的 3 个层面：第一，规模层面，主要是指那些规模上较小的城镇；第二，地域空间层面，主要是指农业地区内那些以非农产业为主要职能的城镇化地区；第三，行政建制的层面，其核心就是建制镇。但在实践应用中，小城镇更多的是一种政策概念，是指有别于大中城市，甚至小城市和乡村的一种居民点类型

根据研究问题的目的和观察事物的角度不同及小城镇在经济社会发展中的作用不同，各部门和理论界对小城镇有不同的理解（见表 1–2），具有一定的层次性和动态性。从国际上看，西方经济发达国家由于城市化水平非常高，小城镇往往指的是较小规模的居民点或社区，人口密度和经济结构决定小城镇的规模大小。而我国把小城镇作为农村经济和社会发展的大战略。因此，不同的国家、地区和时间，随着经济、社会的发展，小城镇的内涵和外延也在不断变化。

表 1–2 对小城镇的不同理解

部门	对小城镇的理解
行政管理部门	小城镇通常只包括建制镇这一确定的地域行政范畴，在经济统计、财政税收、户籍管理等诸多方面，建制镇与非建制的其他镇都有明确的区别
社会学	侧重于从社区生活方式的角度来理解小城镇，认为建制镇的经济结构和社区生活与城市比较相去甚远，而更接近于农村社区，因此，小城镇应包括建制镇、集镇和村镇
地理学	城市地理学者将小城镇作为一个区域城镇体系的基础层次；而从事聚落地理研究的学者则将小城镇作为农村聚落中最高级别的聚落类型，认为我国大量的建制镇是从农村自然集镇发展演化而来，具有相当程度的农村聚落特征。这里的小城镇包括建制镇和自然集镇，通常以“集镇”统称
《中华人民共和国城市规划法》	城市是指国家按行政区建制设立的直辖市、市、镇，即包括直辖市、建制市、建制镇。在国务院 1993 年发布的《村庄和集镇规划建设管理条例》中，对集镇也有明确的界定，集镇是指乡、民族乡人民政府所在地和经县级人民政府确认由集市发展而成的作为农村一定区域经济、文化和生活服务中心的非建制镇
《内蒙古自治区小城镇规划建设管理条例》	2005 年 2 月新修订的《内蒙古自治区小城镇规划建设管理条例》中对小城镇的定义：本条例所称小城镇是指自治区行政区域内的建制镇和集镇。本条例所称集镇是指苏木乡人民政府所在地和旗县级人民政府确定作为农村牧区一定区域经济、文化和生活服务中心的非建制镇

小城镇，介于城乡之间，地位特殊。不同的学科对小城镇概念的理解主要有以下 4 种观点（见表 1–3）。

表 1-3　小城镇的范畴及其含义

小城镇的范畴	含义
小城镇=小城市+建制镇+集镇	这里的小城镇概念是广义上的含义，根据这一观点，显然小城镇概念分属城与乡两个范畴，从发展的观点来看，集镇只宜称为“未建制镇”
小城镇=小城市+建制镇	这里的小城镇概念指城镇范畴中规模较小、人口少于 20 万人的小城市（县级市）和建制镇。这里的小城市是指规模较小、人口少于 20 万人的小城市（县级市），因而这一小城镇概念包括小城市（县级市小城镇和广人农村之首）和建制镇
小城镇=建制镇	这一小城镇概念属于城镇范畴，是建制镇（包括县城镇）在城镇体系中的同义词。这一小城镇概念较符合《中华人民共和国城市规划法》中的法定含义，即建制镇是农村一定区域内政治、经济、文化和生活服务的中心。1984 年国务院转批的民政部《关于调整建制镇标准的报告》中，关于设镇的规定作了如下调整，分别是：①总人口在 2 万人以上的乡，乡政府驻地非农业人口占全乡人口 10%以上的可建镇；总人口在 2 万人以下的乡，乡政府驻地非农人口超过 20%的也可以建镇。②凡县级地方国家机关所在地，均应设置镇的建制。③非农业人口不足 20%的边远地区、山区和小型工矿区，少数民族地区以及边境口岸、小港口等地，如确有必要，也可设置镇的建制
小城镇=建制镇+集镇	这一小城镇概念分属城、乡两个范畴，既包括比城市小的从属于县的县城镇及县城以外的建制镇，也包括相对发达的未建制的农村集镇，强调了小城镇发展的乡村性和动态性。根据 1993 年发布的《村庄和集镇规划建设管理条例》中界定的集镇的定义，集镇是农村城乡结合、工农结合的生产活动中心，方便生活、有利于生产，是我国农村城市化的重点

综合上述对小城镇概念的理解，同时秉承概念简化的原则，本书在研究过程中，将行政区划作为小城镇界定标准，把小城镇限定在建制镇（包括城关镇）的范围内。同时立足于城市群的研究框架，通过分区域、分层次的功能定位来促进对小城镇概念认知的深化。为了强调小城镇发展的动态性、层次性和典型性，本书涉及的小城镇的研究范围为内蒙古自治区的建制镇，第 6 章实证部分基于数据的可获性与可比性因素，选择内蒙古自治区县级政府所在的建制镇作为研究范围。根据资源保障能力和可持续发展能力差异划分，将内蒙古自治区 69 个县级政府所在建制镇划分为农业型、牧业型、工业商业型、资源型和旅游型 5 种类型，同时按照各小城镇所在内蒙古自治区的地理位置，按区域分为东、中、西部进行分析。

1.3.2 基础设施

“基础设施”（Infra-structure）一词源于拉丁文，其中“Infra”意为“下部”，“structure”意为“结构”或“组织”，该词原意指建筑物或构筑物的底层承重结构和组织，最早被应用于建筑工程领域。20 世纪 40 年代末，“基础设施”作为经济术语开始被应用于经济学领域，经济学家们用“基础设施”来概括为社会生产提供一般条件的行业。经济学领域对于基础设施的内涵认识不统一，经济学者们基于自身研究视角和研究目的及所处不同的经济社会发展阶段，对基础设施内涵范围界定不一。因此，关注基础设施概念的界定对研究基础设施投融资十分重要。重商主义时期，威廉·配第认为运输工具的专业化，可以降低运输费用、提高运输能力和节省劳动力，最终达到增加财富的目的。重农学派代表弗朗斯瓦·魁奈认为基础设施投资是最直接的生产资本①。福利经济学创立者庇古将国家干预基础设施作为公平社会分配的途径之一。亚当·斯密指出地方性基础设施应由地方政府负责建设和维护，比中央政府更有效率，按照一般和特殊基础设施的不同特点选择基础设施维护管理主体，并且认为不能完全由政府充当基础设施建设投资主体，政府将基础设施收费收入作为财政收入带有随意性，不利于经济发展并且极易产生新的不公平问题。

世界银行《世界发展报告——为发展提供基础设施》（World Bank，1994）推动了发展中国家基础设施领域的市场化改革②。基础设施的③经济属性既是选择投融资模式的基础，还是投融资体制设计的基础，也决定了各主体所发挥的作用和所应扮演的角色。鉴于基础设施的公共产品属性，政府在其中一直扮演着非常重要的角色。随着市场机制的完善和金融工具的不断创新，以及政府本身在微观经济活动中的各种局限性，市场在基础设施建设中的作用在逐渐提升。基础设施的经济属性会使其部分商业化为项目，以项目的形式寻求资金来源，即项目融资。Peter K. Nevitt（1995）

① ［法］魁奈．魁奈经济著作选集［M］．北京：商务印书馆，1979：349-350.

② World Bank. *World Development Report* 1994：*Infrastructure for Development*［M］. Oxford University Press，1994：14.

③ 刘立峰．地方政府投融资及其可持续性［M］．北京：中国发展出版社，2015.

将项目融资定义为“围绕一个特定经济实体方案寻求资金支持，以经济实体的现有资产或有关信用作为担保，将来使用该经济体实体的收益来偿还贷款及约定收益”。对于无法商业化的经济属性，则将作为政府责任的一部分，由政府来承担。基础设施的经济属性能否使其商业化以及商业化水平的高低是动态变化的，它与金融市场的发达程度、政府的财政制度、所在地的经济状况、潜力以及项目主体的信誉实力都密切有关。随着这些因素的变化，基础设施经济属性商业化的潜力也会相应调整，因此，设计和建设基础设施投融资体制很有必要。进一步基于基础设施具有商业化属性和公共产品属性的双重不可分性，产生了政策性金融理论。政策性金融可以实现双重目标，既服务于政府发展目标，弥补资金不足和市场失灵，又可促进经济发展，通过内生方式和途径改善项目的“赢利”环境。政策性金融机构是基础设施建设强有力的投融资主体，但是受众多因素影响，如政府投入资金总量、资本市场发育程度等，并不能解决投融资问题。

随着经济的发展，从小城镇功能和发展趋势来看，小城镇与城市在基础设施建设上要以相对的、动态的视角进行研究。小城镇基础设施与城市基础设施的含义基本相同，小城镇的基础设施和城市的基础设施涵盖的项目不完全一样，建设的侧重点也有所不同，但两者都属于我国基础设施范畴。如前文综述，国内外学者对基础设施范围没有统一的界定，本书研究的基础设施含义界定为狭义的基础设施，即在小城镇社会经济发展中起基础作用的公共工程和公共设施，在实践中应用比较方便。因此，研究小城镇基础设施建设投融资管理体制，研究对象是经济基础设施或其中的一部分。考虑到数据的可得性和可比性，本书在分析内蒙古小城镇的基础设施投融资管理体制时，基础设施仅指经济性基础设施，即小城镇市政公用设施。

1.3.3 财政投融资

投融资体制包括投资和融资两个方面。从投资角度来看，投融资体制主要体现在投资主体的确定、投资决策制度的选择、投资实施方式的运作、投资利益关系的处理，以及投资调控方式的选用等方面。从融资角度来看，投融资体制主要指的是资金的运作系统，包括资金的来源、使用和偿还（投资回收）3 个方面。即投融资体制主要包括投融资主体的确立及其行为的规范、资金筹措途径与使用方式、投资项目的管理方式等方面，它是关于资金融通、投入、运作与监管等活动的制度安排。高效的投融资体制对基础设施的建设非常重要。本书是从财政投融资的角度进行研究的。

本书对财政投融资的界定，以资源的合理和有效配置为目标，对于基础设施建设投融资方式的选择以政府与市场的关系为前提，将资金来源和资金运用形式结合起来，实现了相关成本与收益在不同利益主体之间的合理负担和分配，把这种活动归属为财政投融资范畴。因此，财政投融资是指政府为了实现一定的社会经济目标，以国家为主导，采取多种投融资方式，实现财政投资与金融资本投资有效结合的一种投融资方式。因此，目前在投融资方式选择中政府与市场的有效结合是关键点，应属于财政投融资范畴，财政投融资运行流程如图 1-1 所示。

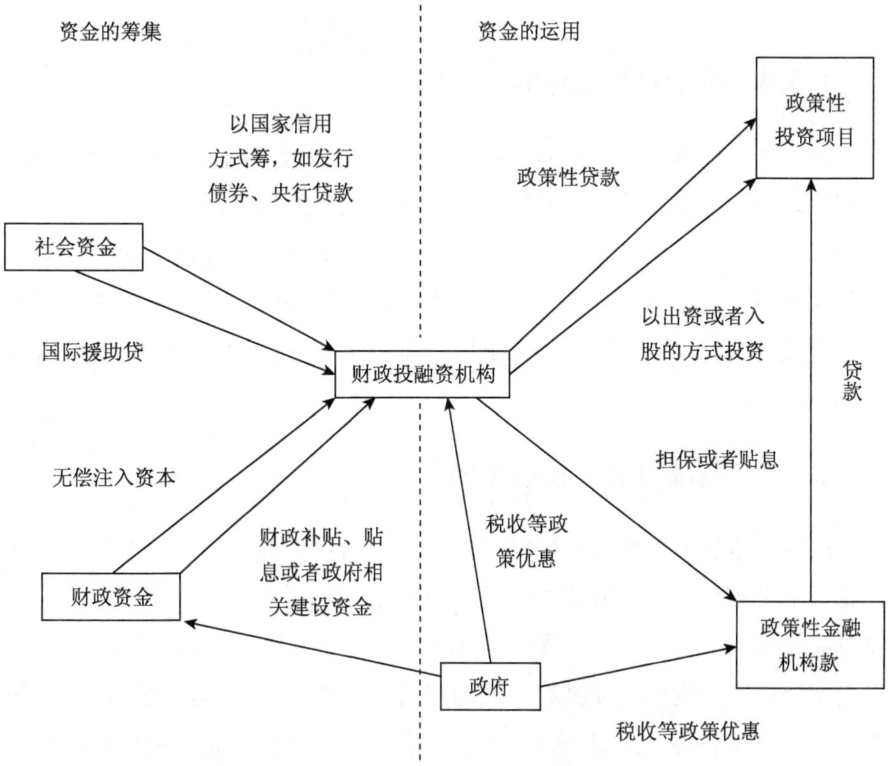

图 1-1 财政投融资运行流程

财政投融资的功能表现在基础设施建设中可以看到，由于没有有效地引入市场机制，使传统的投融资管理体制存在投融资效率低下的问题，因此，通过财政投融资加强基础设施建设是提高投融资效率的有效路径。通过财政投融资可以解决资金的分散性与基础设施建设资金的集中性不匹配的矛盾，通过将财政投资的良好信誉与金融资本的高效运作有机结合，提高资源的配置效率，塑造健全、理性的基础设施建设投融资管理体制。

总之，小城镇基础设施建设投融资管理体制市场化是发展的必然趋势，良好的投融资管理体制是健全投融资行为的基础和前提，在市场经济运行条件下，小城镇基础设施建设需要依靠政府与市场协调管理，而财政投融资正是政府参与优化资源配置职能的重要手段。政府应逐步转变职能，从直接承担过多的投资基础设施项目进行转变，促使民间资本逐步进入和增加对基础设施的投资，分担风险，即通过财政投融资手段实现基础设施的有效供给。

1.3.4 投融资管理体制

投融资管理体制主要是责、权、利的划分以及相应的制度建设问题。处理好政府和市场的关系是投融资管理体制创新的关键所在，要加强政府引导，营造良好环境，充分发挥市场的作用。基础设施建设投融资管理体制是从项目投资主体、融资渠道、融资方式，到基础设施建设中的项目决策以及资金的筹措、投入，到使用、监督的全过程的制度安排和运作机制。

1.3.5 基础设施与投融资的关系

政府与市场的关系是基础设施投融资体制设计的核心。政府和市场既不是“非此即彼”的简单选择关系，也不是“你退我进”的零和格局，而是具有较强的融合共生性特征。政府既需要私人部门加强基础设施建设，同时又要使基础设施用途具有可规划和可支配性；私人部门或非政府组织要求保障资本获得“正常利润”，这就需要政府授权、通过契约信誉和法律保障。基础设施投融资体制在政府与市场的关系基础之上衍生出纷繁芜杂的利益关系，要注重政府在其中的协调作用。基础设施投融资参与主体多元化，同一主体内部的参与者也在增多，中央政府和地方政府、地方政府内部的各个部门交叉组合后又可衍生出多种关系模式；私人部门又可分为组织、企业和个人等，协调好这些复杂多样的各利益主体关系超越了政府和市场关系的考量。

关于基础设施投融资问题，由于基础设施投资大、周期长、资金沉淀严重、风险大，如果延续过去的投融资模式，仅依靠政府的财政投入和土地出让收入，具有极大的风险隐患，必须进行体制改革和模式创新。紧密结合基础设施投资和国家鼓励发展社会资本的政策，基于国际经验和国内实践总结，进行深入理论研究和政策探讨，内蒙古的协同发展综合效度上升明显，利用自身的比较优势且重视区域间的合作，促进了区域经济的协同发展。

基础设施的经济属性既是选择投融资模式的基础，也决定了各主体发挥的作用和所应扮演的角色。鉴于基础设施的公共产品属性，政府在其中一直扮演着非常重要的角色。随着市场机制的完善和金融工具的不断创新，以及政府职能的转变，市场在基础设施建设中的作用开始逐渐提升。根据政府和市场在投融资中的作用比较，投融资体制可以分为政府主导型和市场主导型。基础设施的经济属性会使其部分商业化为项目，以项目的形式寻求资金来源，对于无法商业化的经济属性，则将作为政府责任的一部分，由政府承担。基础设施的经济属性能否商业化以及能够商业化的水平是动态的，与资本市场的发达程度、政府的财政制度、所在城镇的经济状况、潜力以及项目主体的信誉实力都密切相关，随着这些因素的变化，基础设施经济属性商业化潜力会相应调整，因此，探讨、构建和规范投融资体制具有必要性。

在存在外部性的情况下，私人选择的投资水平肯定会低于政府，之所以采取与社会资本合作，关键点就是正视政府“经济人”的特点，无私、高效且财力充足的政府在现实中并不存在。现实中的政府有自身的利益追求（如腐败）、能力有限（如多层级的机构、有限的专业人员和专业知识缺乏等）且受到财力的约束。这些因素会导致政府在提供公共产品方面存在明显的缺陷，在某些方面效率低下，但是市场不能完全替代政府，外部性强的项目仍然需要政府起到主导作用。因此，在基础设施建设过程中，政府与社会资本合作在近年来被广泛应用（见表 1-4）。

表 1-4 不同投融资体制下基础设施建设的一般特征①

主导	融资方式	基础设施建设特征
政府	以政府财政为基础	投资额大、外部性强、商业收益率低且现金流不稳定，回收周期长，维护成本高
	银行贷款	多为配套投资，投资额大、收益率较低，但现金流稳定
	外资	贫困地区项目，外部性强、收益率较低，需政府信誉担保
市场	BOT	投资规模适中，商业属性强，寿命周期长，维护成本较低，收益率较高且稳定
	ABS	投资规模适中，项目有明确边界现金流，虽不要求稳定但总体收益水平尚可，风险略高，寿命周期较长
	URM	投资规模适中，收益较好，维护较为复杂，存在强制收费性质
	捆绑组合	项目投资规模较大，属性复杂，相互关联性强，但易于分解为子项目分别评估其成本收益，各自项目收益水平差异大
	基础设施使用协议	投资规模较小，消费群体易于界定，具有流动性但总体规模稳定，具备集体型项目特征

1.4 研究方法与思路

1.4.1 研究方法

本书采用定性与定量分析相结合的研究方法。定性分析主要是通过主

① 罗雨泽．“一带一路”基础设施投融资机制研究［M］．北京：中国发展出版社，2015.

观判断，在分析能力和已有研究整体把握的基础上进行分析，定量分析主要用于分析研究对象之间的数理关系、数量特征和变化趋势，根据推理结果揭示并描述研究对象的作用机理、路径选择和发展趋势。本书以公共物品理论、公共选择理论、政策性金融理论、城市管理理论基础作为出发点，挖掘内蒙古小城镇基础设施建设投融资管理体制的创新，通过定性分析法，分析现阶段内蒙古小城镇基础设施建设投融资管理体制现状并找到投融资障碍和局限的突破口，建立适合本土化的小城镇基础设施建设投融资管理体制。运用三阶段 DEA 和超效率 DEA 等计量模型实证分析内蒙古小城镇基础设施建设投融资效率。定性和定量分析相结合的方法使本书的研究更具客观性和科学性。

本书采用文献研究和实地调研相结合的方法，通过对大量文献及年鉴的梳理与总结，提取了有用的相关研究成果加以借鉴。为了将国内一些典型基础设施投融资方式及运作进行具体运用，本书选择了全国近 10 年内重要的基础设施投融资方式：北京市小城镇发展基金——小城镇基础设施建设点对点融资操作；河北固安产业园区投融资模式——固安模式；大汉模式创新型 PPP——城镇开发；以及内蒙古小城镇实践采用 PPP 模式运作案例，从微观层面研究基础设施投融资运作、特征，为内蒙古小城镇基础设施投融资管理体制提供建议和设计方案。在理论积累的同时，深入内蒙古小城镇，采用文献研究、个别访谈、个案分析、实地考察等方法，对兴安盟突泉镇、六户镇、呼伦贝尔市鄂伦春自治旗阿里河镇、赤峰市红庙子镇等小城镇进行重点调研，取得第一手资料，力求做到理论与实践相结合。

基础设施在不同国家的不同经济发展阶段都会经历集中大规模的发展时期，本书对发达国家基础设施投融资管理体制进行了比较分析，揭示了不同基础设施投融资管理体制下政府作用、投融资主体、投融资方式等方面的差异和共有规律，吸收发达国家和一些发展中国家的先进经验，结合我国的实际及内蒙古的实践，谨慎比较，在比较中发现问题和差异，为内蒙古小城镇基础设施投融资的选择提供借鉴。

1.4.2 研究内容

本书以投融资管理体制为主线，围绕城镇化与小城镇、小城镇与基础设施、基础设施与投融资之间的关系，对小城镇基础设施投融资管理体制问题展开研究，以公共物品理论、公共选择理论、政策性金融理论及城市管理理论为基础，从基础设施的基本属性出发，界定政府的投资范围，明确政府的财政责任边界，以提高内蒙古小城镇基础设施建设投融资效率为主要目标，寻求城镇化进程中内蒙古小城镇基础设施建设投融资管理体制创新。本书结合内蒙古自治区蒙元文化的特点和草原特色，因地制宜地完善内蒙古小城镇基础设施市场化投融资管理体制，建立国家、地方、社会和个人的多元化投融资管理体制。

本书研究的主要内容包括以下几个部分：

第一部分为绪论。综合阐述本书的研究背景及意义，综述国内外相关研究成果及实践，并对研究的基本概念进行界定的基础上，分析了基础设施与投融资管理体制的关系，并对主要研究内容和研究方法进行阐述。

第二部分为小城镇基础设施建设投融资管理体制的理论基础。主要归纳和总结了公共物品理论、公共选择理论、政策性金融理论和城市管理理论等理论，并阐述了理论基础对小城镇基础设施建设投融资管理体制研究的指导意义。

第三部分为小城镇基础设施建设投融资管理体制的国际经验。通过介绍和分析西方国家小城镇建设及基础设施投融资管理体制的情况，总结出各国小城镇基础设施建设投融资管理体制的经验，为内蒙古小城镇基础设施建设投融资管理体制的完善奠定经验基础。借鉴美国市场主导型、德国政府主导型、英国政府与市场并重型及加拿大区域融资机构主导型的基础设施投融资管理体制，结合我国的基础设施投融资实践，探索内蒙古小城镇基础设施建设投融资管理体制，其核心是“政府主导、市场运作、政策支持、多元参与”。

第四部分为国内典型小城镇基础设施建设投融资管理体制案例分析。

国内小城镇在各个领域进行了多元化投融资主体参与基础设施建设的探索和实践，社会资本参与小城镇基础设施投融资建设已经取得了诸多成功经验。各种基础设施投融资管理体制各具特色，对各种广泛推广的基础设施投融资管理体制进行研究，对其投资主体、融资方式、运行机制、政府职能等问题进行深入探讨，可以为内蒙古小城镇基础设施投融资方式创新提供借鉴方案。

第五部分为内蒙古小城镇基础设施建设投融资管理体制分析。通过对内蒙古小城镇发展的现状、基础设施建设总体现状及内蒙古小城镇基础设施建设投融资管理体制现状进行分析，探讨了内蒙古小城镇基础设施建设投融资管理体制中存在的问题。

第六部分为内蒙古小城镇基础设施投融资效率的实证研究。运用三阶段 DEA 和超效率 DEA 方法，全面、准确地评估内蒙古小城镇基础设施投融资效率，从规模效率、技术效率反映出内蒙古小城镇基础设施投融资管理体制效率有待提高，改善纯技术效率和规模效率来提高基础设施投融资效率是内蒙古小城镇建设投融资管理体制要考虑的方向。

第七部分为内蒙古小城镇基础设施投融资管理体制政策建议。借鉴前面第三部分和第四部分的国内外经验，总结第五部分和第六部分现存在的问题。结合内蒙古自治区蒙元文化的特点和草原特色，因地制宜地完善内蒙古小城镇基础设施市场化投融资管理体制，提出以下有针对性的政策建议。统筹规划，制度先行，突出草原生态文化特色，明确投融资生态功能定位；定位明确，产业支撑，依托内蒙古小城镇资源优势和特色，构建多元化投资投融资管理体制，拓宽内蒙古小城镇基础设施建设投融资渠道；健全牧区及“三少民族”生态转移小城镇基础设施资金保障机制，理顺内蒙古小城镇基础设施投融资体制；政府引导，市场运作，创新内蒙古小城镇基础设施建设 PPP 应用机制；推进开发性金融，落实供给侧结构性改革，完善内蒙古小城镇基础设施建设投融资体制；因地制宜地发展内蒙古绿色债券市场，完善内蒙古小城镇基础设施投融资特色制度建设。

1.4.3 研究思路结构图

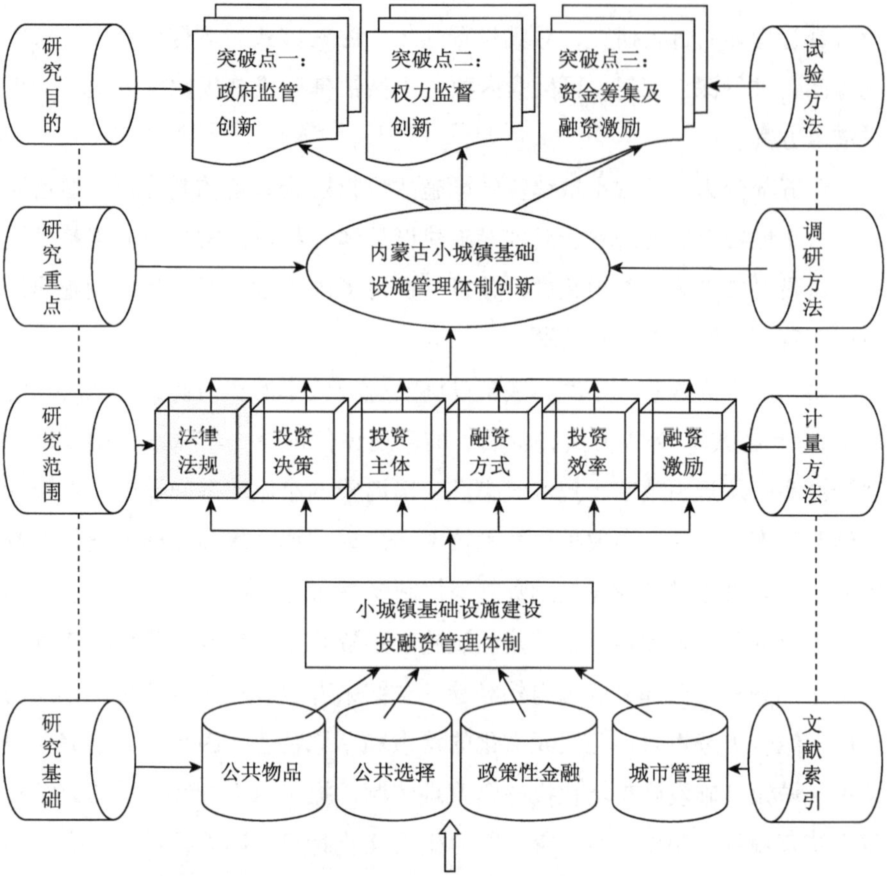

图 1-2 思路结构

1.5 本书的创新点

本书的创新点在于：

（1）在内蒙古小城镇基础设施投融资效率实证分析中，首先采用两步法（Spearman 检验+Pastor 法）筛选小城镇基础设施投入产出指标体系；

其次运用三阶段 DEA 和超效率 DEA 模型剔除外部环境和随机扰动对效率的显著影响，对内蒙古 69 个旗、县政府所在建制镇的基础设施建设投融资效率进行分析，更为全面、准确地评估了内蒙古小城镇基础设施投融资效率，为完善内蒙古小城镇投融资管理体制提供了依据。

（2）立足草原文化保护和生态环境建设，明确内蒙古小城镇基础设施建设投融资生态功能定位，加强生态环境规划，打造生态宜居草原特色小城镇。为完善农牧区、半农半牧区及“三少民族”地区小城镇基础设施资金保障机制，加强小城镇投融资金融组织体系服务功能等提出相应的对策。

2　小城镇基础设施建设投融资管理体制研究的相关理论

国内外关于基础设施投融资理论的研究成果有很多，其中对小城镇基础设施投融资管理体制研究比较有影响的理论主要有公共物品理论、公共选择理论、政策性金融理论和城市管理理论。

2.1　公共物品理论

小城镇基础设施建设投融资理论分析要从政府与市场的关系入手，充分发挥市场在资源配置中的决定性作用，利用市场机制来构建基础设施投融资多元化体制。从基础设施的经济属性和经济特点出发，明确基础设施及其提供的产品和服务是否具有商品的属性；研究基础设施及其提供的产品和服务所具有的公共物品的特性，并对其作合理的分类。这是理论上需要解决的重要问题。

2.1.1　公共物品理论概述

公共物品（Public Goods）与私人物品相对应。公共物品已经在经济学领域得到广泛的应用，是财政学研究的基本概念。公共物品又可以分为纯公共物品和准公共物品，不同的公共物品在供给和需求特征上是存在差异的。

2.1.1.1 公共物品的特征

保罗·萨缪尔森（1954）[①] 在《公共支出的纯理论》一书中系统地阐述了公共物品是指任何一个人的消费不会减少别人对其消费的物品的减少，指出了公共物品具有消费的非竞争特性。斯蒂格利茨（1980）[②] 认为如果不可能对某种特定商品的使用收费，或者对其使用收费的耗费是极大的，那么，该商品就是公共物品，指出了公共物品具有非排他性。布坎南（1967）[③] 指出，如果引入利益可分割性，那么一个人的消费就肯定要减少集团中其他人可以得到的量，即提出了准公共物品的概念。由此可以看出，公共物品具有非排他性、非竞争性和不可分割性的特征。

2.1.1.2 公共物品的分类

公共物品可以从特性和受益范围等不同的角度进行分类。

（1）纯公共物品和准公共物品

同时具有非排他性和非竞争性特征的公共物品是纯公共物品。如果其中一个特征不充分就形成了准公共物品。基于公共物品理论，可以将基础设施分为三大类：纯公共物品、准公共物品和私人物品。不同类型的基础设施对投融资管理体制具有不同的要求。

（2）地方公共物品

按照受益范围划分公共物品，小城镇基础设施属于地方性公共物品。有一些地方公共物品虽然其受益范围不限于本地区，具有一定的外部效应，但其供给主要是满足当地居民的需求，在这种情况下，其成本也应当由本地居民承担[④]。地方公共物品也遵循谁受益、谁负担成本的原则，对于纯公共物品一般由地方政府提供，提供的方式依据纯公共物品的受益范围的大小而确定，而私人物品则由市场提供，地方的准公共物品由地方政

① Samuelson, P. A. Pure Theory of Public Expenditure [J]. *Review of Economicsand Statistics*, 1954, (36): 387-389.

② Anthony, B., Atkinson, J., Stigliz, E. *Lectures on Public Economics* [M]. McGrow——Hill Book Company, NewYork, 1980.

③ [美] 詹姆斯·M. 布坎南. 民主财政论 [M]. 北京：商务印书馆，2002.

④ 徐梅. 当代西方区域经济理论评析 [J]. 经济评论，2002 (3)：74-77.

府和私人部门混合提供。

2.1.1.3 公共物品需求理论和供给理论

小城镇基础设施投融资问题其实是基础设施提供问题，其实质是公共物品的提供问题，包括公共物品的需求理论和供给理论。

（1）公共物品的需求理论

通过获取社会成员对公共物品的个人偏好信息从而形成公共物品的集体偏好信息，使得公共物品实现有效供给，这就是公共物品需求理论所要研究的内容。公共物品需求理论的经典理论主要有“庇古均衡”“萨缪尔森均衡”和“林达尔均衡”。“庇古均衡”认为公共物品的最优供给点发生在公共物品消费的边际正效用等于税收的边际负效用时，在最优供给点个人就达到了资源在私人物品与公共物品之间的最优配置。“萨缪尔森均衡”是借助对私人市场的分析得出公共物品的社会需求曲线，在“消费者愿意表露其对公共物品的支付意愿”假设基础上，构建了一条“虚拟的公共物品需求曲线”，是个人需求曲线的垂直相加。“林达尔均衡”通过一种理想的政治决策程序对需求偏好进行表露。它把公共物品供给中政府的作用比作一种“讨价还价”的过程，将不同的税收份额提供给不同的当事人，再由当事人申报其在不同的税收份额下对公共物品的需求偏好，将税金作为成本与个人享受公共产品的意愿联系起来，构建了个人的公共物品需求曲线。与现实联系更为密切，对公共选择理论产生了重要影响。

（2）公共物品供给理论

公共物品的供给理论研究可以分为公共物品的私人供给理论、公共供给理论和集团供给理论。

公共物品私人供给的经典理论主要有“布坎南的自愿解”“囚徒困境”和“纳什均衡”。“布坎南的自愿解”描述了公共物品私人供给的乐观情形，认为只要公共物品的供给会给每个社会成员都带来利益，那么社会成员就会自发以相互受益的谈判来自愿供给公共物品，个人的最佳选择就是团体的最佳选择。“囚徒困境”则描述了公共物品供给的悲观情形，认为个人的最佳选择会与团体选择出现矛盾，并非是团体的最佳选择。而“纳什均衡”则描述了介于两者之间的较为现实的情形，把“囚徒困境”的极端情况作为其中的一种特殊情况，指出当任何当事人单独改变策略都不能得到好处时，这种策略组合就实现了“纳什均衡”。

公共物品公共供给理论主要体现在维克赛尔的“全体一致同意原则”“投票悖论”“中间投票人定理”和“阿罗不可能定理”等。政府在公共物品的供给上应作为一个有效的、协调的和公平的机构保证各方面合作的实现，这是人们美好的愿望。维克赛尔的“全体一致同意原则”描述的就是这种理想状态，认为公共物品的供给应通过税收来筹集，使每个社会成员知道自己从公共物品中获得的利益，通过投票一致通过，实现对政府“强制的自愿接受”。而后“投票悖论”阐明了“多数投票原则”由于与传递性公理存在矛盾，不能得出最终结果。后来的研究者对这一悲观结论进行了乐观的修正，认为多数投票表决制在单峰偏好情况下会产生结果且必然选择中间投票人所偏好的结果。随着研究的深入，肯尼思·J. 阿罗得出了“阿罗不可能定理”，断言集体决策很可能无法做出或者有不合理的地方存在。

无论是公共物品私人供给还是公共供给，提出的解决方案或者市场或者政府。埃莉诺·奥斯特罗姆（2000）① 提出了“公共事务的治理之道”，她认为社会成员完全可以通过自治组织管理公共物品，取得持久的共同利益，她还提出基于不同的管理效果、效益和公平，不同的事物可以采取多种管理体制。

2.1.2 公共物品理论对小城镇基础设施建设投融资管理体制研究的指导意义

公共物品理论为小城镇基础设施投融资管理体制提供了思路。根据小城镇基础设施的基本属性，可以将小城镇基础设施分为纯公共物品、准公

① 埃莉诺·奥斯特罗姆．公共事务的治理之道［M］．上海：上海三联书店，2000.

共物品两种类型，不同类型的小城镇基础设施对投融资体制有不同的要求（见表 2-1）。

表 2-1　小城镇基础设施类型及特征

公共物品分类	特征	基础设施类型	投融资主体
纯公共物品或服务	非排他性和非竞争性	生态环境、城市防灾、城市绿化等	政府
准公共物品或服务	不完全的非排他性或非竞争性（拥挤降低产品的非竞争性）	公共交通、污水处理垃圾处理、电力、自来水等	政府与社会资本合作

小城镇基础设施大多属于地方公共物品，地方纯公共物品由地方政府提供，属地方私人物品的由市场提供，属地方准公共物品的既可以由地方政府提供，也可以由市场提供，还可以政府与市场混合提供。在纯公共物品领域发挥政府财政的主导作用。

小城镇基础设施具有不同的性质，其建设和发展需要处理好政府与市场的关系。根据公共物品理论，政府与市场应进行分工、合作，取长补短，尤其是保证小城镇基础设施高质量、高效率的提供，这也是经济新常态下供给侧结构性改革创新提升供给质量和效率、转变经济发展方式的重要体现。

2.2　公共选择理论

公共物品领域存在市场失灵，要依靠政府的财政力量来解决公共物品的供给问题。公共选择理论解决的是政府在提供公共物品时如何形成投资决策，即公共物品的生产及分配的过程，以及由谁来生产和分配。公共物品往往与政治决策体系有很大的关联性，政治决策过程和经济决策过程不同。因此，公共选择理论从政治决策角度对公共物品提供进行了更为现实的补充。

2.2.1　公共选择理论概述

公共选择理论是以布坎南为代表，运用经济分析方法来研究政府决策的方式和过程的一种理论。公共选择是指人们通过民主政治过程来决定公共物品的需求、供给与产量，是把个人选择转化为集体选择的一种过程或机制，是资源配置的一种非市场决策。公共选择理论研究政治决策过程，主要研究集体选择行为。

公共选择理论采取个体主义的分析方法，个人是评价、选择与行动的最基本单位。公共选择学派把“经济人”作为他们分析政府决策过程的出发点，这样就把政府决策过程视为经济学上的交易过程。作为经济学上的交易市场，是由需求方与供给方组成的一个交易结构，供求双方经过讨价还价最后在双方均满意的价格和数量水平上达成交易。与经济交易相类似，公共选择理论认为政治市场也是由供求双方组成，需求方是选民与纳税者，供给者是政治家和政府官员，通过举手选举来完成公共物品配置。使经济学更加接近和能够解释现实世界问题，是分析基础设施建设投融资理论的重要基础。

公共选择理论认为，在市场经济条件下，资源配置以实现社会福利的最大化为目标。但是公共产品具有非竞争性和非排他性，在消费的过程中，人们存在“搭便车”的现象，公共物品不能靠市场配置来提高效率。而政府的存在会减少人数众多时获取个人关于公共物品和外部性的偏好的信息所需的交易成本和谈判成本。公共选择理论认为政府可以通过自身的决策过程来实现公共产品的投资生产以实现社会福利的增加。但同时，政府决策是从自身利益最大化的目的出发，存在增强自身的冲动，其生产决策可能会偏离社会福利最大化的目的。因此，政府在某些领域的经济行为会出现低效或者无效的情况。

2.2.2 公共选择理论对小城镇基础设施建设投融资管理体制研究的指导意义

公共选择理论对于基础设施投融资管理体制的建立和完善具有深远的意义，可以通过转变政府职能来协调政府与市场的关系，改革政治体制和经济体制的关系，避免政府干预的失效。对于小城镇基础设施建设投融资而言，这就要求必须明确各级政府的投融资边界及职责，明确政府与私人部门投融资的界限。

（1）政府应成为小城镇基础设施投融资的决策主体。基础设施具有初始投资巨大、自然垄断，而且消费上存在不同程度的非竞争性和非排他性及对社会福利有重要影响等特点。根据公共选择理论对集体选择（政府选择）的理由分析，政府是提供基础设施及其服务的最有效的实体，但是在完善基础设施投融资管理体制时应把握好政府干预的限度、范围和内容。政府在小城镇基础设施投融资规划中应按照效率、环保、公平的原则，从规模和结构上对小城镇基础设施进行统筹规划、协调发展，尤其是内蒙古小城镇基础设施的发展更加要注重生态环境保护方面的考虑，形成高效率的决策。

（2）在基础设施投融资管理的法制化和民主化进程中具有重要的实践意义。公共选择理论强调公共决策的法制化，通过加强法制建设，规范公共政策的制定和执行，完善决策体制和决策规则，提高公共决策在制定和执行上的质量和效率。在小城镇基础设施建设投融资中，对于政府与社会资本合作的基础设施项目，政府应从政策、法律制度上对社会资本加以引导和监管，并且要注重民主决策，让人民广泛参与小城镇基础设施决策。

（3）在基础设施政府投资决策过程中，正视政府行为的“经济人”特征。公共选择理论认为政府及其机构也是经济人，也会追求自身利益最大化，如追求预算支出最大化、福利最大化、改善办公条件、权力寻租等。政府在决策时存在偏离增进社会福利目标的倾向。如果基础设施领域采用“政府垄断经营”“政企合一”等经营体制，将会影响公共产品与服务的供给及其效率。因此，需要对政府在基础设施投资中的作用进行合理界定，而且在基础设施领域应尽可能地采取市场化经营。建立基础设施投融资体制的关键是对政府与私人部门进行合理分工，明确其义务和责任，并进行有效的激励与约束，使不同利益主体的行为更加符合理想预期。

2.3 政策性金融理论

政策性金融在各国应用广泛，具有深远的经济理论基础。经过不断实践总结，已经形成一套比较完整的理论，既有自身的基本原理和手段，也包括高效的融资机制、科学的治理结构、独特的制度安排，对小城镇基础设施投融资改革有重要的指导意义。

2.3.1 政策性金融理论概述

基于基础设施具有商业化属性和公共物品属性的双重不可分性，产生了政策性金融理论。政策性金融可以实现双重目标，既服务于政府发展目标，弥补资金不足和市场失灵，又可促进经济发展，通过内生方式和途径改善项目的“赢利”环境。政策性金融机构是基础设施建设强有力的投融资主体，但是受众多因素影响，如政府投入资金总量、资本市场发育程度等，并不能完全解决投融资问题。

新古典经济学认为，由于市场机制发挥作用的局限性，市场在金融资源配置和调节经济运行领域存在失灵问题，这就需要政府通过设置政策性金融机构加以引导和干预，实现资源的有效和合理配置。政策性金融是加入政府较强调控作用的金融资源配置机制，是支持基础设施建设的有效手段，小城镇建设任务艰巨，对资金有巨大的需求，需要引导金融机构加大金融支持力度。从国内外的实践来看，随着资本市场的完善，政策性金融开始向开发性金融转变。首先，政策性金融阶段，以国家信用通过财政性手段对市场进行干预为主；其次，随着制度建设的推动，到了开发性金融阶段，国家信用逐渐与金融运行分离，开发性金融机构开始逐渐纳入市场轨道，开始独立发挥主体作用。自 2008 年以后，国家开发银行已成功地走过政策性金融阶段，开始进入开发性金融阶段。开发性金融的开发性来源于英文“Development”和“Financing”。开发性金融是为实现政府发展目标，弥补体制落后和市场失灵、增强竞争力的一种金融形式。目前，开发性金融支持既是推动小城镇建设的重要手段，又是落实供给侧结构性改革的重要举措。

（1）政策性金融的内涵及特征

政策性金融（Policy-based Finance）具有财政“无偿拨付”和金融“有偿借贷”的双重性[①]。政策性金融随着各国经济社会发展阶段不同，其基本机制、功能、种类、业务方式、运行范围及领域呈现出多样化。我国的政策性金融是指在政府一定财政资金的支持下，为了实现国家的产业政策和经济社会发展政策目标，以国家信用为基础，运用各种融资手段，按照国家法规规定的业务范围、对象，以优惠存贷利率，直接或间接地将资金投放到急需发展的部门、企业或事业而进行的一种特殊性资金融通活动。国家开发银行作为国家政策性金融机构，重点对基础设施、基础产业和支柱产业提供政策性金融服务，担负着将政策性金融同市场机制相结合的职能。政策性金融遵循政策导向性与商业可持续性并重的原则，对于具有一定外部性的公共融资，尤其是基础设施和一些涉及重要战略领域的融资具有非常重要的意义。

政策性金融具有政策性、优惠性和金融性，应将其与商业金融进行区分。政策性金融对于公共交通、城镇排水管网、供气管网等准公益性的基础设施建设来说必不可少，因为这些项目有一定的收益但是又不能完全实现成本回收。政府应运用财政贴息、发行隐含财政担保的政策性金融债券、投融资收益补偿与应急偿债、税收优惠等多种形式的补偿机制，实现多主体风险共担，从而保障金融资产安全与稳定的金融支持。鉴于政策性金融的特征，小城镇基础设施建设投融资离不开政策性金融的支持。

（2）政策性金融有效运行的条件

政策性金融与商业性金融相比，在目标、功能、效率、手段等方面更

① 西方学者侧重于从政策金融的目标或者运作方式来对政策金融进行界定。日本的小滨裕久、奥田英信等将政策性金融定义为“为了实现产业政策等特定的政策目标而采取的金融手段，也为了培养特定的战略性的产业，在利率、贷款期限、担保条件等方面予以优惠，并有选择地提供资金”。

能够促进城镇化进程中小城镇的发展。国家及政府组织增信是政策性金融的基础，制度建设及建设市场是其基本手段。政策性金融将政府的组织优势与自身的融资优势相结合，实现与政府共建信用体系和制度体系，缓解经济社会发展“瓶颈”。在运行中，政策性金融从不成熟市场做起，虽然制度不健全，但是对于有市场前景的投融资领域，可以通过整合体制资源进行制度建设，特别是政府关注同时也是市场和社会急需解决的领域，是政策性金融发挥作用的重要领域，当前的小城镇建设和发展就属于这个领域。

进入开发性金融阶段，政府选择项目入口、开发性金融孵化、实现市场出口是开发性金融高效的融资机制。政府根据国家产业政策和发展规划，整合资源，推荐项目，开发性金融在政府的协调下以融资推动项目建设和融资体制建设，完善治理结构、法人、现金流及信用等四大建设，使项目逐步由收支平衡法人向资产负债表式法人转化，最终走向市场，成为独立而完善的市场主体，这是当前完善小城镇投融资机制的有效途径①。

2.3.2 政策性金融理论对小城镇基础设施建设投融资管理体制研究的指导意义

政策性金融兼有财政“无偿拨付”和金融“有偿借贷”的双重属性，在金融资源配置上具有特殊性，这种属性可以使其同时矫正“市场失灵”“政府失灵”。政策性金融在多年的探索实践中不断地整合资源，创新模式，政策性金融在小城镇基础设施建设投融资实践中积累了宝贵的经验。

（1）贯彻国家支持小城镇政策，体现政策性功能

政策性金融具有更强的政策执行能力。政府性金融和商业性金融相比，期限更长、利率更低、融资条件更优惠，这些特点决定了政策性金

① 宋艳丽．开发性金融支持小城镇发展的策略研究［J］．农业经济问题，2014（1）：61-65，111.

融在为产业和地区提供资金支持上具有更大的优越性，尤其是基础产业方面的扶持和推动，其中基础设施尤其是小城镇基础设施是国家近年来关注和支持的重点。国家开发银行和住房城乡建设部联合优先支持特色小镇的培育。

（2）诱导国内外商业性资金，过滤小城镇基础设施投融资风险

政策性金融的金融机构具有将政府的产业政策等政策意图向市场传达的中介职能，这样，社会金融机构在决策时就有了参考依据。政策性金融的这种信息溢出作用能在一定程度上解决信息不对称问题，对民间投资和商业银行具有诱导作用。由于政策性金融机构具有引导性，国家长远发展战略产业如新兴产业和高风险产业的资金投放会间接地吸引商业性金融机构在这些重点产业的放款，从而发挥了政策扶植项目的投资乘数效应，发挥了资金的诱导作用。在小城镇建设中，政策性银行通过有效的信贷运用方式支持小城镇基础设施建设与发展，诱导商业性银行在小城镇基础设施建设上的贷款支持，充分发挥了国家有限的政策性信贷资金效应。重点支持小城镇中交通、通信、水利、电力等基础设施建设，为基础设施建设提供了稳定的中长期开发性信贷业务。可以将在民生上具有显著效应的非经营性重点项目列入发展规划，建立项目储备库，按照轻重缓急将有限的信贷资源有序地投入小城镇基础设施建设的相关领域。针对小城镇的特点，设置和推行个性化的管理，体现在授信额度核准、贷款期限设置、贷款还款方式、产品定价以及风险监控等方面。另外，根据小城镇的发展特点，可以通过建立一个政府主导的、规范的投融资公司，为城镇建设筹集资金，依据小城镇的发展特色给予不同的政策支持。

（3）促进区域经济梯度整合，支持小城镇基础设施建设

根据各区域的经济发展梯度，充分发挥政策性金融的区域调控职能，统筹区域信贷政策和产业倾斜政策，有效调动经济资源，实现政府的梯度整合，推进区域经济一体化发展。小城镇数量多、规模小，产业集聚效应不明显，受金融、信息、技术等方面服务水平低，生产要素市场发育不足等方面因素的影响，商业性金融不愿意选择小城镇作为投资领域，因此，

对于小城镇的基础设施建设需要政策性融资有力的支持，尤其是对内蒙古小城镇基础设施建设的投资，更需要政策性银行充分体现其区域经济整合功能，以提升小城镇公共服务水平和提高其承载能力。

2.4 城市管理理论

随着人类活动的频繁、经济活动及社会各主体之间关系的复杂，便有了对城市管理的实践需求。城市管理（Urban Management）理论随着各国经济社会的发展也在不断地发展变化。20 世纪初，西方国家开始运用经济学理论来研究城市诸如土地利用、交通运输、城市环境等方面的问题，城市经济学应运而生，推动了城市管理理论的发展。经济学研究离不开市场，城市经济学对城市的管理也提出了要利用市场经济手段进行城市管理的理念。20 世纪 80 年代后期，国内学者提出了“城市基础设施的经营与管理”，开始对城市管理进行探索，通过基础设施建设带动旧城改造，运用市政设施专营权有期限出让，并且对于城市建设债券的发行也开始了尝试，从理论和实践上进一步完善了城市管理理论。

2.4.1 城市管理理论概述

国内外大多数学者认为城市管理的目标是对城市规划、运作和发展的动态因素进行调节和管理，实现居民和城市的可持续发展。城市管理理论通过人类对理想居所的想象进行理性设计。从柏拉图的《理想国》到莫尔（Sir Thomas More）的《乌托邦》（Utopia，1516），对未来理想城市设想的共同印象是“把田园的宽裕带给城市，把城市的活力带给田园”，使城市和农村协调、融合为一体。田园城市理论、带型城市理论、中心地理论是早期城市管理理论的典范。霍华德（Ebenezer Howard）于 1902 年出版的《明天的田园城市》一书通过经济分析和图解，从城市最佳规模入手，首次提出了花园城镇体系的设想，使城市构造设计和建设理论科学化，成为小城镇建设的典范和代表。霍华德对田园城市的资金来源、土地规划、城市收支、经营管理等问题都提出了具体的建议，并且认为工业和商业不能由公营垄断，要给私营企业以发展的条件。田园城市是“有限的规模、中心广场、放射状的大街、外围的工业、环绕的绿带，以及一旦第一座城市已经填满，就开始又一个定居点的概念”。

20 世纪 30 年代，随着城市建筑学、地理学、规划学的发展，以《雅典宪章》为标志，现代城市管理理论开始形成。随着我国城镇化进程的加快，城市管理理论成为地方政府经济职能中的一项重要内容。日本神户市市长宫崎辰雄在《城市的管理》（1971）一书中最早提出了城市管理的理念，认为政府能够解决市场导致的外部负效应，通过涵养税源有效地提供城市公共服务，维护公共利益。国外城市管理的核心问题是城市管理的参与者之间的相互关系。城市管理的整体性特征决定了政府部门和非政府部门或者公共部门和私人部门都可以作为城市管理的参与者，政府可以对城市的整体发展作出战略性的决策，而私人部门也在城市发展中也发挥着积极作用，而两者的关系协调问题既是城市管理中的关键问题，也是影响城市管理效率的核心所在，即政府在管理城市中对市场的干预程度及方式如何。

麦吉尔（McGill，1998）认为城市管理是通过权力职责的配置达到分配资源的目的，是官僚机构和社会对接的有效链接方式，其中基础设施和公共服务的提供需要官僚机构分配资源。城市管理有两个目标：城市规划和政府定位。首先，城市基础设施和公共服务如何规划进行供给和维护；其次，地方政府在城市基础设施和公共服务中，在管理体制上如何合理定位。威廉姆（William，1978）认为城市管理的本质是理清政府权力与经营主体的问题，即城市内部的权力关系，提出除了政府可以参与城市经营管理之外，私人企业及更广范围的参与者是否可以参与城市的经营管理的疑问。伦纳德（Leonard，1982）认为基础设施及公共服务的供给中，分配资源的权力是城市管理关注的焦点所在。由联合国开发计划署（UNDP）、联合国人居中心（UNCHS）和世界银行（World Bank）联合资助的城市管理计划（Urban Management Programmer，UMP）的阶段性成果《城市管理基础》（Davey，1993）中，对公共部门（政府）和私人部门之间的关系问题进行了研究，基于对朗迪内莉（Rondinelli）所定义的城市政府的首要任务就是为城市的有效运作提供必要的基础设施，并且其他三项任务都与基础设施供给有关。

2.4.2 城市管理理论对小城镇基础设施建设投融资管理体制研究的指导意义

20世纪90年代，我国的城镇化进程进入快速发展阶段，基础设施建设中的资金短缺问题凸显了基础设施投融资管理体制存在的弊端，我国开始引入城市管理理论，是地方政府经济职能转变的创新理念。围绕创新、协调、绿色、开放、共享五个发展理念，以政府与市场的关系为核心，引入市场竞争机制，积极引导社会资本参与城市管理，尤其是小城镇基础设施的管理，以提高小城镇管理水平。

（1）理顺政府与市场的关系

一是要转变政府职能，建设服务型政府，创造良好的市场运行和发展环境，发挥宏观经济调控手段解决微观市场问题。二是小城镇管理要有效制约和运用公共权力，简政放权，推进依法行政。三是健全市场化配置制度和拓宽市场化配置领域，避免寻租行为。四是政府在小城镇管理中的定位要准确，在城市规划、统筹协调、监督管理等领域发挥作用，在一定程度上避免政府干预市场的行为。理顺政府与市场的关系，健全小城镇建设和发展管理体制，加大监督力度，提高城镇管理效率。

（2）小城镇投融资主体多元化

根据城市管理理念，小城镇基础设施建设的投融资主体不能仅靠政府，应引入多元化投资主体，让私人部门也参与到基础设施建设中来，并且协调好两者之间的关系。依据小城镇的不同资源资产特色，因地制宜，实行符合当地实际的小城镇基础设施管理方式。积极鼓励社会各类资本参与小城镇的开发，使小城镇基础设施建设朝向市场化、民营化改革，推进市场化运行、企业化运营，提高小城镇基础设施的投融资效率。

（3）小城镇投融资方式多样化

城市管理的模式从资金导向向功能导向转变，充分利用政府的规划、管理，加强小城镇综合功能特色开发和培育，引导小城镇功能的形成和发展，为小城镇建设筹措资金。通过政府的这种宏观调控引导，制订小城镇基础设施规划，围绕总体规划，突出小城镇基础设施资本运营，引入市场竞争机制，营造宽松、持续、稳定、协调的投融资环境。根据城市管理理念，吸引各类社会资本打造优越环境，突出利用社会资本，拓宽小城镇投融资方式。在小城镇基础设施投融资体制创新上，也要倡导政府导向，鼓励要素资源全面流动，吸纳各类资本实行股份合作制或股份制、租赁制、合资经营等形式，吸引各类投资者以资入股投入小城镇建设。

3　国外小城镇基础设施建设投融资管理体制借鉴

由于发展基础、条件和所处的发展阶段不同，不同国家小城镇发展的路径也不尽相同，同一国家不同地区的小城镇也会因投资和利益主体的多元化而选择不同的发展路径。

党的十八届三中全会以后，市场在我国社会主义市场经济体制下发挥的作用进一步明确，市场在资源配置中起决定性作用。发达国家在市场经济条件下积累了比较丰富的基础设施投融资管理体制经验，在探索我国小城镇基础设施投融资管理体制之前，有必要对国外相对成熟的基础设施投融资管理体制进行比较分析，并从中获取值得借鉴的经验。基础设施是政府发挥作用的重要领域，政府对基础设施的干预成为政府影响经济的重要手段之一。因此，基础设施投融资管理体制对一国的经济体制有很大的影响。基础设施投融资管理体制主要包括基础设施投融资主体、投资方式（或融资渠道）、政府在基础设施投融资和管理中的作用等方面内容。从多数国家的情况来看[①]，基础设施等长期投资的融资方式以财政投资、基于使用者付费原则的项目收益所吸引的社会资金以及借贷发债等为主。由于各国的国情、发展阶段、发展水平和体制等不同，其基础设施投融资管理体制也存在一定的差异且各具特色。

由于小城镇与城市在基础设施建设方面存在许多共性，其他国家基础

① 潘宏胜，黄明皓．部分发达国家基础设施投融资机制及其对我国的启示［J］．经济社会体制比较，2014（1）．

设施建设中的经验和做法非常值得借鉴，可以为我国小城镇基础设施投融资管理体制的选择和完善提供参考方案。

3.1 美国市场主导型小城镇基础设施建设投融资管理体制

3.1.1 美国的小城镇建设

美国是市场主导型投融资管理体制的典型代表。从统计情况看，美国城镇化率已达 99%，城镇化水平高度发达，全国有超过 3/4 的人口居住在小城镇①，基本达到了城镇一体化和农村城市化。美国的“小城镇”包括“小城市”和“小镇”两种含义。美国小城镇是一定范围区域内的居民自治，其前身一般是较大的居民社区，对人口数量和城镇规模没有明确的限制。只要人数达到 200 人的社区就可以向政府申请，设立镇。因此，美国小城镇在城镇规模上差异很大，几百人的小镇和几百万人的大城市并存。小城镇遍布全国每一个角落，通过发展小城镇带动美国的城镇化进程。在美国，州、县一般不直接参与所辖城镇的规划制订，通过设立小城镇规划与区划委员会来制订城镇总体规划②，这样就保障了公众高效参与小城镇建设规划。各级政府鼓励公众参与小城镇的各种开发建设项目策划和规划设计，非常关注社会公众的意见，政府对公众参与规划的小城镇的投入力度相当大。美国长期实行自由的市场经济体制，决定了其在基础设施建设领域强调以市场为主，政府只是起辅助作用，政府主要通过法律手段同时运用产业规制来弥补市场失灵，以放松管制为特征，并选择以私人部门为主的市场主导的基础设施投融资体制，政府在基础设施领域的行为和作用较弱。在投融资主体、投融资方式及政府在基础设施建设投融资中的作用

① 吴伟表，刘思弘．美国小城镇建设的启示和借鉴［J］．浦东开发，2015（5）：56-59.

② 郑明媚，邱爱军，文辉．一个美国小城镇规划对我国的启示［J］．国际城市规划，2010（6）：97-101.

等方面有自己独有的特色。一般来讲，联邦政府、地方政府和开发商是美国小城镇建设资金的主要承担者①（见表 3-1）。

表 3-1 美国小城镇基础设施建设投资情况

	政府行为		市场行为	
建设投资主体	联邦政府	地方政府	开发商	投资者
投资范围	小城镇向外的高速公路	小城镇的供水厂、污水厂、垃圾厂等	小城镇内小区的开发包括道路、配套热水、电、气等	部分小城镇公用基础设施建设、住房及其他房屋的建设
建设资金来源	对纳税人征收汽车关税、汽车消费税和汽油税	当地纳税人的个人所得税收；政府发行债券	开发商贷款，小区建成后向使用者收费	个人投资和贷款

3.1.2 美国小城镇基础设施建设投融资管理体制的特征

（1）制度约束下的市场主导型投融资管理体制

美国基础设施投融资管理体制主要采取制度约束下的市场主导型管理体制。与市场机制高度结合，借助市场力量发挥作用。在美国，民间资本参与基础设施建设的领域较为广泛，参与程度很高。制度约束下的市场主导型方式是一种效率较高、效果较好的基础设施投融资管理体制。

（2）以私人为主、政府为辅的投融资主体

市场在美国城镇基础设施，特别是在公用基础设施的建设和运营过程中发挥主导作用，其基础设施主要是由民间资本投资建设并提供服务的。在 1982 年美国基础设施改革初期，全部公共物品中由国家预算提供的占 49.6%，由民间提供的公共物品占 50.4%，铁路、通信、电力、供水等经济性基础设施多数由民间资本投资。例如，铁路建设中联邦政府、地方政府的投资只占 25%，其余均为私人投资。在城镇基础设施投资中，以州和

① 张颖，王振坡，杨楠．美国小城镇规划、建设与管理的经验思考及启示［J］．城市，2016（7）：72-79.

地方政府为主。从图 3-1 中可以看出，地方政府基础设施投资比例能一直保持在 75%左右，远超联邦政府 25%左右的投资占比。在全国性的基础设施项目投资中，以联邦政府投资为主，投资范围覆盖高速公路、公共运输、铁路、航空、水路运输、水资源和污水处理等领域。从图 3-2 中可以看出，高速公路投资联邦政府占主导地位，1956—1966 年 10 年间达到 60%，1986—2006 年投资比例一直保持在 45%以上；1977 年以前公共运输投资占比很小，1997 年以后则一直保持在 10%左右；水资源投资逐年下降；污水处理投资先升后降，保持在 5%左右，铁路和水路运输占比低。此外，在投资分工上，州政府主要负责州内的公路、文化设施等建设；市政府主要负责城市内的交通、供水、污水处理、消防和社会治安等建设；县政府主要负责其属的学校和福利设施的建设。

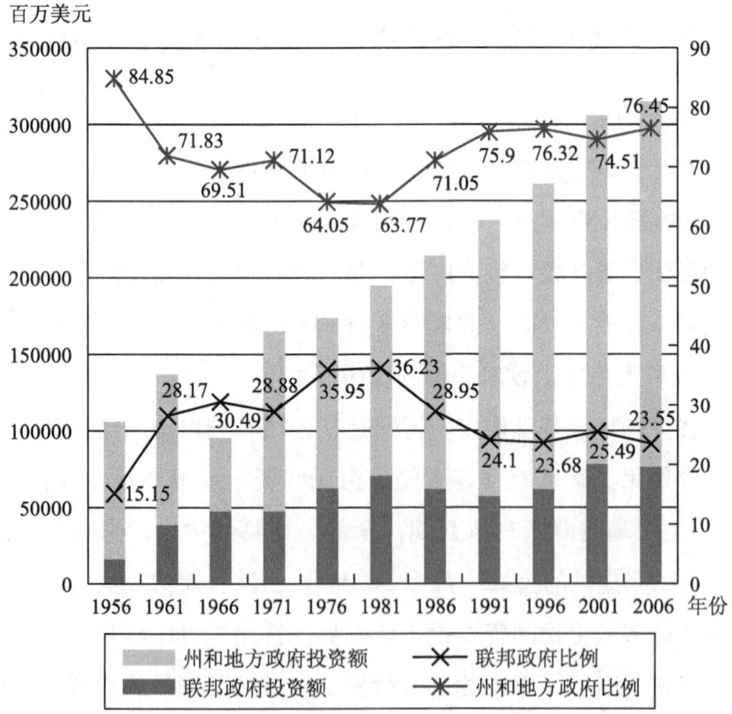

图 3-1　1956—2006 年美国联邦、州和地方政府基础设施投资额及比例

数据来源：Congressional Budget Office。

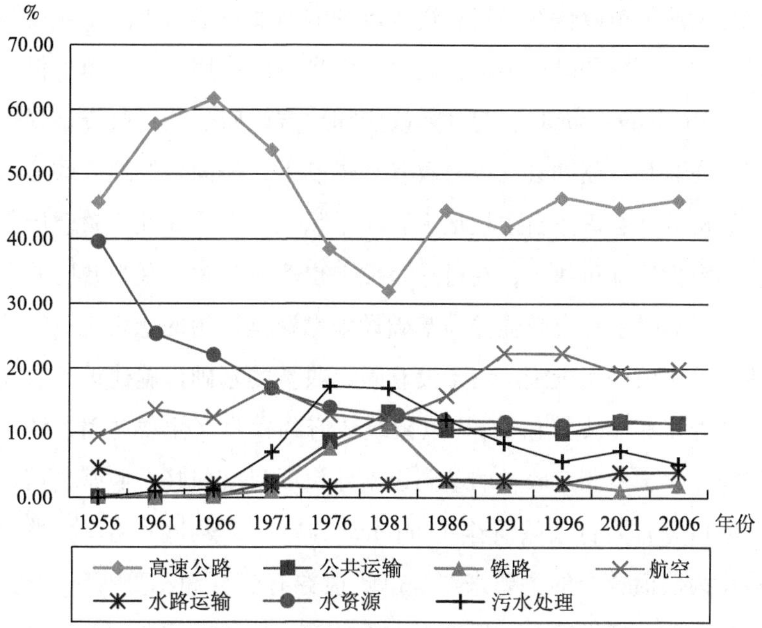

图 3-2　1956—2006 年美国联邦政府分类基础设施投资比例变动

数据来源：Congressional Budget Office。

（3）发达资本市场下的多元化融资方式

美国小城镇基础设施建设各种融资方式并存，PPP 融资方式越来越受重视。

财政转移支付、税收、市政债券、基础设施经营收入和各种赞助捐赠等构成了美国小城镇基础设施投资资金的主要来源，其中发行市政债券是小城镇基础设施融资的主要方式。依托高度发达的资本市场，美国建立了高效运转的基础设施融资管理体制。

一是各级政府的预算资金。地方政府负担的基础设施投资的资金筹措途径之一是税收。在美国，小城镇的税收主要是财产税，财产税率由小城镇自主决定。除此之外，小城镇还收取一些管理费，如垃圾处理费、草坪修剪费等，如果这些财政收入不能满足基础设施的建设资金需求，联邦政府还会以补贴的形式给予地方政府负责的交通等投资支持，但是美国联邦政府给予地方拨款都是有条件的，如“整块拨款”和“按比例拨款”。

二是发达的市政债券融资。资本市场的高度发达为美国小城镇基础设施建设提供了便捷的融资渠道，政府凭借自身的信用为小城镇担保发行市政债券（Municipal Bond），为联邦政府和地方政府公共财政资金提供了重要补充。在联邦、州和县三级财政管理体制下，美国各级地方政府对所辖区域的经济和社会事务自主权很大，在举债权上也是如此，镇政府预算经同级议会审批后即可执行，在对外举债上也享有与州、联邦政府同等的权力。并且，通过发行市政债券为基础设施融资是通用的融资工具，几乎包含了所有的市政公用设施。对于没有固定收益的基础设施建设项目发行一般责任债券（税收支持债券），以镇级政府的税收（主要是财产税）作为偿债保障；对于有固定收益的基础设施建设项目（机场、收费公路、区域电网、港口等）发行收益债券（Revenue Bond），通过使用者付费所带来的收益作为偿债资金的主要来源。市政债券有公募和私募两种发行方式，发行主体一般包括发行人、托管人、承销商、法律顾问和评级机构等。对于镇政府的举债权，会有来自政治、市场和制度的约束，如在有些州就规定了发行地方政府债券必须得到全体居民的授权或批准才能发行，并且市场也对地方政府的信用等级作出了相应的限制和规定。同时，在市政债券监管方面，美国设立了市政债券法规制定委员会（MSRB），主要负责对券商、银行、经纪人和交易商的行为进行管理和规范。在制度约束上，为了加强 MSRB 对市政债券市场的监管权力，美国在 2010 年通过了《Dodd-Frank 华尔街改革和消费者保护法案》，以强化债券系统的安全性。2016 年 9 月末，美国市政债券存量为 38312 亿美元[①]。市政债券虽然收益率较低，但对投资者却具有很强的吸引力，主要是由于市政债券不仅具有较高的信誉和相对稳定的收益，而且在所得税方面还可享受联邦甚至州政府的豁免。相关统计数据表明，美国市政债券未清偿余额的 35%均由家庭持有。另外，市政债券 97%以上为长期债券。

三是广泛的私人部门投资。在美国小城镇基础设施建设中，私人部门

---

① 数据来源：美国市政债券规则制定委员会（http：//www. msrb. org/）。

发挥着非常重要的作用，特别是经营性基础设施主要依靠私人部门投资建设和运营。政府则主要通过为企业提供税收优惠政策（如豁免财产税）、提供融资信用担保等方式，营造相对宽松的投融资环境。随着社会对基础设施需求的不断增加，美国政府开始通过推广 PPP 模式，引导私人部门对基础设施（公路、桥梁、管道、水利等领域）进行建设与运营。目前大部分美国地方政府都在推进 PPP 模式相关法律法规建设，其中德克萨斯、弗吉尼亚和佛罗里达 3 个州在 PPP 模式运用方面表现比较突出。

3.2 德国政府主导型小城镇基础设施建设投融资管理体制

德国基础设施投融资管理体制采取的是政府主导型的管理体制，主要做法是：政府让大量国有企业直接参与基础设施建设，同时也通过行政手段对私人资本参与的领域进行干预。政府对于小城镇基础设施建设实行统一监管、统一规划的综合统一的管理体制，注重政府行政主导，强调规划设计先行，鼓励民众广泛参与，在规范的政策法律和优越的市场环境条件下，依靠市场机制，推行生态理念，进行基础设施建设。

3.2.1 德国的小城镇建设

德国工业高度发达，小城镇分布较广、发展均衡，已形成一种城乡统筹、分布合理、均衡发展的独特模式，对我国小城镇的均衡发展有重要的借鉴意义。德国小城镇一般距大中城市比较近，最远只有一个小时的车程，人口在 2000 人至 10 万人不等，分布广泛，几乎 66%的德国居民生活在小城镇里，这与小城镇完善的基础设施密切相关。德国小城镇的基础设施与大城市水平相当，并且在自然环境上具有优越性。德国小城镇是德国城市和乡镇经济发展的重要基础。

德国的小城镇建设管理体制以区划制为主体，联邦政府、州政府、地方政府三级紧密联动，统一规划与地方高度自治相结合、自上而下和自下而上相结合的空间规划联动策略，形成了相对均衡的德国城镇体系①。德国的城市地区（市/ 非市县）及乡村地区规划处于城镇空间规划体系中的社区空间规划层次，各级空间规划编制都遵循上一级规划，每个层次的空间规划都有相应的法律支持，保证各个空间规划体系分工明确、脉络清晰。以铁路为主体的高度发达的交通网络保证了城市间的联系便利。

3.2.2 德国小城镇基础设施建设投融资管理体制的特征

良好的基础设施是小城镇实现可持续发展和形成投资吸引力的前提。在小城镇基础设施建设方面，德国政府始终坚持高起点、高标准和严要求，新建小城镇必须从基础设施做起，所有小城镇内部路网密集，交通十分便利，甚至有一些小城镇还建设了机场。过硬的基础设施和市场条件，为吸引投资者创造了良好的环境。

（1）政府是主要的投融资主体，各级政府职责明确、分工协作

德国政府是小城镇基础设施建设的投融资主体，联邦、州、地方政府各负其责，分工协作，形成了三级投融资管理体制，联邦政府根据各地区的经济发展状况、各地区的风俗、地理条件等进行统筹规划和调整布局，随着农村人口大量涌入小城镇，政府加大了对小城镇基础设施建设的投资力度，努力提高农民的生产生活水平。政府采用直接出资的方式对交通、通信、水电等基础设施和公共服务建设领域的企业进行控股，联邦、州、地方政府按照职责分工，分别主导不同的基础设施投资领域。其中跨区域的或者影响重大的基础设施主要由联邦政府直接融资，大量采用补贴等形式支持地方政府开展基础设施建设，城市公共服务领域一般由社区公共服务企业提供。

（2）银行贷款为主，多种投融资方式并存

德国基础设施建设融资以间接融资为主，主要依靠银行贷款，银行以

---

① 万博，张兴国．和谐之城：德国小城镇建设经验与启示［J］．小城镇建设，2010（11）：89-95.

贷款为标的资产，发行资产抵押支持证券。另外，发行债券、特许经营、推广 PPP 项目融资等也是德国政府支持小城镇基础设施建设投融资的常用方式。由于经济实力雄厚，德国在小城镇建设中非常重视公共基础设施的建设，通过小城镇合理规划，改造小城镇的居住环境，提高居民生活的舒适度。小城镇基础设施建设资金的来源主要包括税收、贷款和州政府拨款，其中贷款必须按照投资计划项目使用，州政府拨款①也要按照计划和执行管理机制在指定用途范围内使用。

3.3　英国的政府与市场并重型基础设施建设投融资管理体制

20 世纪 40 年代末，英国大多数的基础设施建设都是以国有化方式来解决的，由政府直接垄断经营，以政府投资为主体的公共支出显著上升，至 60 年代初政府投资占 GDP 的比重高达 40%以上，投资范围主要是对混合物品进行投资，形成了相当规模的国有企业。到 1979 年，英国的国有企业国内生产总值占全部 GDP 的 10. 5%，大规模的国有化给英国政府带来了沉重的财政负担。80 年代英国在基础设施领域开始实行民营化改革，政府开始放松对电信业、煤气、电力、自来水等基础设施领域的管制，不再对投资进行垄断。到 1992 年，约有 2/3 的国有企业转为私人部门，但是一些主要基础设施部门如铁路、公路和邮政等部门仍由国有企业控制，民营化改革促进了英国基础设施建设运营效率的提升。2002—2006 年，英国地方政府在基础设施方面的投资年增长达到 10. 7%，资金来源主要是中央政府直接拨款和信贷担保。同时，英国地方政府还通过合同的形式利用私人信贷的方式进行投融资，此外，各种基金也是政府基础设施融资的重要资金来源，如中央基金中的现代化基金最

---

① 德国的政权结构由中央（即联邦）政府、州政府和包括城市、地区和乡镇在内的地方政府三级政府构成。上级财政部门每年都要按照法律规定，对下级财政部门履行转移支付义务。州在公共和基础设施方面的专项拨款一般占转移支付总额的 30%左右。

初的25亿英镑主要投资于基础设施的现代化和高效率领域。[①] 2001—2011年，英国整个交通的总投资额达1806亿英镑，其中，政府投资包括地方财政的投资达1240亿英镑，占总投资的68.66%，而私人投资为566亿英镑，占总投资的31.34%，政府投资与私人投资的比重高达2∶1，总体来看，对交通基础设施的等比较重要的基础设施投融资仍然以政府投资为主，私人投资为辅。

3.3.1 英国的小城镇建设

英国的小城镇建设注重综合规划和景观资源保护，其建设理念秉承霍华德的“田园城市”思想，将传统景观文化与时代发展相结合，融入小城镇可持续发展之中。为了给无土地农民提供就业机会，英格兰鼓励发展集镇（Market Town），这些集镇人口规模在2000人至2万人不等，以发展工业为重心，具有比较大的发展潜力。另外，在伦敦郊区还有20个“新城”（New Town）小城镇，这些“新城”是在旧城镇的基础上经过筛选并扩大的工业中心、就业中心和公交枢纽，在迁入政策上受到政府的鼓励和支持。英国小城镇的基础设施比较完善，小城镇的建设和发展受行政因素的干扰少，小城镇的职能比较单一、管理容易、发展稳定，城镇发展主要依靠经济的逐步积累。

3.3.2 英国基础设施建设投融资管理体制的特征

（1）集权方式下的政府主导型管理体制

英国基础设施投融资的决策实行中央集权制，政府设立公共服务送达专署（Delivery Unit），指导公共产业主管部门工作，该机构直属首相办公室，主要关注医疗保健、教育、法律秩序和交通等基础设施领域。每年的新投资计划由财政部和公共服务送达专署联合制订，并以“服务设施协议”的形式公开出版。由于基础设施建设周期长、属于资本密集

① 英国政府投资的管理体制［EB/OL］. http：//www/study. com.

型行业，在资金的使用和管理上，英国从 1997 年开始推行年末弹性系统，允许各部门本年度未使用完的资金滚存到下一年使用。当各产业部门的预算审核通过以后，各部门应按照基础设施投资的轻重缓急来分配资金，同时，资金的分配要遵循“服务设施协议”要求。各部门通过设置监管体系，在基础设施投资的每个阶段进行严格审查后再分配新的资金。

表 3-2 英国基础设施部门劳动生产率净平均发展速度（主要领域）

年 份	航空公司	机场管理公司	煤气公司	铁路公司	电信公司	供电局	邮政局
1970—1980	7.4%	0.6%	4.9%	-2.0%	4.3%	3.7%	-0.1%
1981—1990	6.0%	2.7%	4.9%	3.2%	7.1%	2.5%	3.4%

资料来源：Enterprise Mattew Bishop. David Thompson, 1993: Privatization in the UK: Deregwlatory Reform and Public Reformance. In V. V. Ramanadham (ed). Privatization: A Global Perspective, London: Rafledge.

（2）地方政府是基础设施投资主体

英国基础设施投资结构以地方政府为主，以私人部门为辅，且私人部门投资呈逐年增加的趋势。政府投资主要集中于交通、教育、医疗保障和住房等重点领域。

在英国的公共管理模式下，地方政府虽不是基础设施投资的决策者，但却能够根据“授权”，执行中央政府的公共政策，具体操作全国范围内的公共服务，实际上是基础设施领域投资的实施者和主体。从公共资产的归属来看，2000—2001 财年英国公共资产共 5850 亿英镑，其中地方政府占 60%，国有企业占 12%，中央政府占 28%，而这 28%的公共资产也并非是基础设施，主要由商业、工业建筑物、机械设备等资产构成。

（3）严格限制资金来源，控制地方政府资本性开支

英国的行政体系由中央联邦政府、省政府、大区政府和市（小区）政府 4 个层次组成，中央政府和省政府集中了大部分财政预算支出权力。从基础设施投资资金来源上看，省级政府主要靠公有住房出售收入、预算资金利息收入、预算结余、中央专项拨款、补贴和借债等支撑基础设施建设

投资。受地方政府开支控制体系的约束，地方政府借债必须得到中央政府的批准。另外，大区和市政府属二级法人，不具有独立性，在借债总量、类型和偿债能力等方面受到省政府的严格控制。从英国财政控制体系来看，省级政府是基础设施投融资的主体，大区和市政府只能开展一些小型项目投资。

（4）创立推行 PFI，吸引私人资本参与基础设施建设

私人融资优先权（Private Finance Initiative，PFI）最早由英国创立并推行，其核心安排是鼓励私人财力参与或主导公共投资计划。从 1986 年 3 月第一个真正意义上的 PFI 项目——伦敦泰晤士河 Dart Ford 大桥融资项目开始，英国先后在伯明翰、曼彻斯特、诺丁汉、布里斯托、利兹和朴次茅斯等城市推行 PFI 模式，经过长时间的探索，其 PFI 项目运作已比较成熟和规范。1997 年英国工党执政后，又在 PFI 的基础上进一步创新发展出公私合伙制（Private and Public Partnership，PPP）操作方式，提出“合伙制的英国”目标，以公私合作形式提高公共投资的专业化水平，拓宽公共融资渠道，拓展私人投资领域，以确保公共投资项目的按时实施和成功。在项目运作过程中，私人部门必须满足政府在合同中提出的具体标准和要求，对于不合格的服务商，政府有权终止合同。项目参与各方共担风险，以激励私人部门最大限度地保障基础设施的资产价值。

（5）有效管理基础设施投融资行为

一是政府主导投资决策。在投资决策机制方面，英国政府沿袭了中央集权制，由首相办公室直属的公共服务送达专署（Delivery Unit）直接指导各公共管理部门有效地提供公共服务。

二是政府控制企业行为。对于已经民营化的基础设施企业，英国政府通过持有特殊股份（“金边股”）的形式对其进行控制，政府对企业的重大决策拥有特别否决权。

三是政府主导融资活动。在 PFI 项目推进过程中，政府主要从政策提案与制定、资金支持和项目监督 3 个方面来规范 PFI 项目的管理和控制，

而不仅仅是通过制定优惠政策、提供补贴等方式吸引社会资本。随着整个投融资管理体系的建立健全，逐渐形成了一个公开、透明、有效的政府管理体系。

3.4 加拿大的政府区域融资机构主导型基础设施建设投融资管理体制

在城镇化进程中，加拿大政府非常重视基础设施建设，在开发区建设的所有投资中，基础设施建设投资平均能够占到30%左右。

3.4.1 加拿大的小城镇建设

加拿大的小城镇人口规模一般在300~1万人，用地规模一般不超过5平方千米，平均每公顷用地容纳2~5户住宅，可见其规模很小，土地利用密度很低。

加拿大的小城镇中一般有1/3的待开发土地，由于土地充足、缺乏竞争，形成了小城镇低密度发展的格局。另外，加拿大的小城镇大多由单一商业区为核心的居民区组成，市场规模小、产业类型少，发展速度受政府政策或大型项目影响很大，且发展极不均衡。

加拿大的区域政府包括地区政府或县政府，对小城镇的发展具有明确的责、权、利划分。在小城镇发展规划上，由地区政府委派专业规划人员①提供长期的、连续性的支持和跟踪服务，一些区域政府还要将小城镇发展规划与省政府有关机构进行协商，并征求小城镇居民的意见。如一些小城镇居民比较关注整修人行道路、安装更多路灯以及加固桥梁等细节问题，都会在规划中予以体现。

---

① 艾伯塔省的区域规划委员会（Regional Planning Commission）、安大略省和新斯科舍省的县规划委员会（County Planning Department），以及不列颠哥伦比亚省的区域政府规划处（Regional District Planning Department）等区域机构的规划人员帮助辖区内的小城镇编制规划。

3.4.2 加拿大基础设施建设投融资管理体制的特征

（1）基础设施建设行政管理

加拿大在省级政府设立与市级政府平级的“区域城市财政委员会”，作为区域内城市利益的代表机构。“委员会”的主要职责是评估区域内各个市政府的资信能力，审核市级政府的融资项目，在风险分担机制上，由各个城市向“委员会”缴纳一定金额的抵押金，当个别城市出现不能偿还到期债务的情况时，由区域内所有城市分摊损失。由于“委员会”具有较高的信用度，能够获得银行比较优惠的贷款利率，对辖内城市开展基础设施建设非常有利。

近年来，加拿大政府也在逐步加大基础设施项目管理力度。以加拿大经济总量最大、人口总数最多的安大略省为例，自 2003 年以来，该省先后成立了“基础设施更新改造厅”“战略性基础设施融资局”和“安大略省基础设施项目公司”等机构和实体，其中“基础设施更新改造厅”负责政府投资计划、投融资方案确定、评审及综合管理；“战略性基础设施融资局”负责提供新型金融工具，帮助合作方筹集资金；“安大略省基础设施项目公司”负责对大型基础设施的项目计划、融资、建设、管理等全过程提供技术和融资方案服务。在基础设施建设项目规划之前，政府要组织论证与测算，制定科学、合理的项目计划书，经过严格审议后才能批准投资计划的实施。项目实施过程中，设备和施工要面向社会公开招标，政府相关部门要对项目预算执行过程进行监督。

（2）多样化的投资主体和融资模式

市政府、省级国有企业、有特许执照的私人公司、公私合营公司以及社区集体构成了加拿大基础设施建设多元化的投资主体。市政府对本市范围内的基础设施建设项目负有领导、规划及融资、建设等职责。具体采用的融资方式主要有财政投资、政府银行贷款融资、国营公司贷款融资、私营公司贷款融资、BOT 方式融资、开发建设费和土地出让费收入、社区集体投资（所有权归社区集体）。

在省、地区两级政府的有效监管下，加拿大的基础设施项目建设做到了计划科学、管理民主、公开透明和严格监管，保证了项目的实用性、合理性和有效利用。

3.5 日本小城镇基础设施建设投融资管理体制

日本与中国在农业和农村向城镇化转型的过程中面临相似的问题，因此，总结日本小城镇基础设施投融资管理体制的经验，对于推进我国小城镇基础设施建设投融资改革具有重要的借鉴意义。

3.5.1 日本的小城镇建设

日本的小城镇基础设施建设主要通过政府扩大公共资源投资来引导民间资本参与的发展方式。工业化推动了日本的城镇化进程，2011 年，日本的城镇化水平已经达到 91.3%，自 20 世纪 90 年代后期开始，日本的小城镇发展开始由增量转向提质。其基本做法就是将小城镇发展与大中小城市的发展相结合，依靠政府优惠政策和大城市拉动，带动小城镇持续发展。通过小城镇示范工程扩大财政直接投资规模，建设和完善小城镇基础设施，吸引企业入驻小城镇，拉动经济发展，形成良好循环。同时，日本的小城镇还注重通过特色化建设，依托各个小城镇资源和产业的优势，进行差异化建设，以主导产业的发展带动小城镇发展，提高小城镇的竞争力，通过动漫旅游业的特色发展和农业、工业的区域化发展，有效地实现资源的配置。

日本小城镇的发展速度很快，首先，主要是由于对民间投资的利用很强，通过政府直接投资引导民间投资投向，通过少量投资为民间资本创造投资条件，打造投资环境，以“筑巢引凤式”的理念吸引民间资本参与基础设施的建设；其次，日本还通过中央政府、地方公共团体和民间企业“联合投资”的方式，将民间企业的资本及经营管理能力引入公共事业；最后，为了避免小城镇基础设施在规划、建设和管理过程中的阻力，日本还注重民众和企业的广泛参与，提高了基础设施建设的效率。

3.5.2 日本基础设施建设投融资管理体制的特征

（1）以国家信用支持基础设施建设

日本基础设施投融资管理体制的主要特点是以国家信用为担保，整合邮政储蓄、养老保险公积金等资金，以较低的利率为基础产业及基础设施建设项目融资。进入21世纪以来，日本政府开始改革基础设施投融资管理体制，首先，按照市场原则进行筹资，发行财政投融资机构债券和基础设施建设投融资机构债券，但是在发行债券时有严格的审核制度，对于没有政府担保和发行债券难的机构限定其发行额度；其次，对于建设周期长并且对经济社会发展具有重要意义的基础设施投资项目，以国家信用为担保，发行政府保证债券筹集资金，然后再将资金贷给上述急需发展的部门。除此之外，日本还大力推行私人融资（PFI）建设基础设施，颁布了《PFI推进法》，并且设置了专门机构"PFI事业推进委员会"对PFI进行宣传和推广，其委员由首相任命。

（2）运用独特的财政投融资制度支持基础设施建设

1953年，日本创立了"财政投融资"制度，其基本内容是政府依托公共金融机构进行融资，并按照效益性和有偿性的原则直接向公共事业和需要扶植的产业投资。"财政投融资"制度是政府利用金融政策实施财政政策的有效手段。财政投融资的基本资金来源为邮政储蓄、国民年金、厚生年金和简易生命保险等，它们经过日本开发银行、电信电话公社、道路公团等途径转化为长期建设资金，这些资金是有偿使用的，不同于一般的财政资金，但资金利率较低。这一制度使日本能够集中必要的资金，长期、不断地投向基础设施建设中。

（3）广泛引入民间资本，建立特殊投资分担制

除了财政融资外，日本基础设施投资资金来源还有其他多种渠道，如电信业"加入者债券"，按照日本电话债法的规定，电话安装用户必须认购一定数额的债券，以支持电信业的发展。另外，日本各级地方政府和一

些特殊法团也可以发行市政债券为地方基础设施建设筹集资金。

关于基础设施建设投资资金，日本采取按受益对象和受益程度确定分摊比例的形式进行合理划分，即所谓的“分担制”，投资负担方式有国家直接负担、国家间接资助和受益者负担三种。

3.6　国外基础设施建设投融资管理体制的启示

综合以上几个具有代表性国家的小城镇基础设施建设投融资管理体制，从投融资主体及其职责、投融资方式的选择等方面，可以得出以下启示：

（1）政府在小城镇基础设施建设投融资中应明确其定位，明晰各级政府的责、权、利。由于财政体制和行政体制的差异，不同国家之间政府层级也不相同，同时，各级政府在基础设施建设中承担的责、权、利也因受益范围的不同存在很大差异，且基础设施建设投融资效率也不同。基础设施投融资方式选择的前提条件是明晰的政府投资边界和合理的分工，也就是政府与市场的关系问题。例如，在美国，政府投资的范围是全部的公共物品和部分的准公共物品，私人可以通过 3 种方式对基础设施进行投资：私人完全投资、私人部门与政府合作投资以及私人部门与社区合作投资。界定好政府与私人部门的投资范围后，对政府的各个层级的职责也要明确划分，明确联邦、州和地方各级政府在基础设施投资中的职责。政府在基础设施建设中主要通过制定相关规制来约束和规范基础设施投融资行为，除直接投资外，政府的主要职责是提供相关制度激励来吸引私人部门进入基础设施建设领域。

（2）强调投资主体多元化，构建政府自上而下以及民众自下而上的双向决策体制。不管是政府主导型国家还是市场主导型国家，在基础设施投融资中都鼓励和倡导民间资本进入公共基础设施领域，最大限度地降低行业准入限制，为私人部门营造宽松的投融资环境。在政府有效管理和制度约束的同时，增加与民间资本的合作，以有效解决基础设施建设资金短缺及投融资低效率问题。根据国外的小城镇基础设施建设投融资管理体制的研究发现，美国、德国、英国和日本在小城镇的建设中都注重民众的参与，也为鼓励民间资本参与基础设施建设提供了途径和平台。

（3）创新投融资方式，拓宽投融资渠道。美国小城镇基础设施建设资金的主要来源是联邦政府、地方政府和开发商，联邦政府负责投资建设连接城镇间的高速公路，资金主要来源于税收，来源稳定、合理。州和小城镇政府共同负责小城镇道路、供排水、垃圾处理等基础设施建设，资金主要来源于镇级政府的税收和发行债券。开发商负责筹资建设小城镇社区内的交通、水电、通信等基础设施，资金主要来源于银行贷款。多渠道的资金来源、创新 PPP 融资机制，可以激励私人部门有效地投资于基础设施建设。PFI 投融资方式在英国和日本得到了较好的实践运用，而德国则通过不断完善特许经营制度，使 PPP 模式在基础设施建设中得到广泛应用。

不同的国家财政体制和金融体系结构都决定了不同国家的基础设施投融资方式。单一制国家实行的是集权制的分税，地方政府财权相对较小，如德国、日本，主要通过银行贷款获取资金，即使发行债券也是由银行担保发行或者是以银行贷款证券化的方式发行。与集权制国家相反，美国等联邦制国家的地方政府拥有较大的财权，并且有较为发达的资本市场，因此，市政债券规模较大。

（4）立足资源特色，探索可持续发展的生态小城镇建设模式。小城镇基础设施建设不仅要实现改善公共服务、提高居民生活和居住条件的目标，同时还要着眼于小城镇经济社会的长远发展，结合历史、人文、自然及产业条件，因地制宜地制订小城镇发展规划，维护小城镇的生态环境和投资环境，谋求区域的可持续发展。在建设特色小城镇方面，美国、英国、德国、日本等发达国家均进行了比较成功的实践，针对小城镇某项突出的资源，进行专项建设，探索工业小城镇、旅游休闲小城镇、养老小城镇、教育小城镇等多元化的小城镇建设模式，突出了小城镇的核心吸引力。

4 国内典型小城镇基础设施建设投融资管理体制案例分析

在城镇化建设实践过程中，目前国内很多地区积极尝试和探索引入多元化投融资主体参与小城镇各领域的建设，社会资本在小城镇基础设施投融资建设中开始发挥越来越重要的作用，并取得了诸多成功经验。各种基础设施投融资管理体制各具特色，下文对各种广泛推广的基础设施投融资管理体制进行研究，对其投资主体、融资方式、运行机制、政府职能等问题进行深入探讨，旨在为内蒙古小城镇基础设施投融资方式创新提供借鉴方案。

4.1 北京市小城镇建设及其小城镇发展基金[①]

4.1.1 北京市的小城镇建设

北京市共有小城镇 183 个，自 2009 年以来，通过重新布局和调整，北京市确立了 42 个重点小城镇作为下一阶段城市郊区发展建设的重点。这 42 个小城镇占地面积 4372 平方千米，约为全市总面积的 25%，下辖 1224 个行政村，拥有常住人口 172.23 万人，其中户籍人口约 127.6 万人（农业户籍 78.6 万人）。近年来，北京市以重点小城镇建设为突破口，全面推进城乡一体化建设进程。截至 2014 年，重点小城镇实现固定

① 资料来源：逄金玉，蒋三庚．中国城镇化与投融资研究［M］．北京：中国经济出版社，2014；朱虹．北京市小城镇发展基金探秘［N］．中国企业报，2016-12-20（2）．

资产投资总额554亿元，市财政平均每年下拨重点小城镇固定资产投资达到10亿元左右，支持重点镇的基础设施和公共服务设施建设项目。目前，重点小城镇的生产生活废水处理、垃圾清运处理、清洁能源供应等主要基础设施已基本完善。

作为首都核心区，北京市郊区小城镇建设与国内其他地区的作用与意义明显不同。除吸纳农村剩余劳动力、带动周边农村地区发展的作用外，特殊的区位优势决定了北京市小城镇建设必须融入首都核心区规划，作为首都公共服务的重要载体，充分发挥自身优势，大力发展生态旅游、休闲娱乐、文化创意、养老养生等生产性服务产业，在保持小城镇特色的基础上，提升小城镇活力，实现小城镇产业功能的转型升级。与现实需求相比，北京市小城镇建设仍未达到理想的规模与水平。受自然资源、土地户籍以及投融资体制等客观因素的制约，北京市小城镇建设整体仍存在规模不合理、基础设施落后、人均可支配收入低、发展水平参差不齐等诸多问题。其中融资渠道单一、投融资管理机制落后是各种问题当中最为突出的问题。2014年以前，北京市小城镇建设主要资金来源为政府固定资产投资，其中每个重点镇平均每年仅能获得市财政2000多万元的投资和少量的区（县）财政投资，而市区（县）两级财政均没有将小城镇建设投资纳入财政预算，建设资金的可持续性得不到保障。

在各种现实条件的制约下，北京市必须从建设世界性大都市的视角出发，将小城镇建设纳入新型城镇化和京津冀协同发展背景下，重新审视小城镇定位，思考小城镇建设的新路径，突破传统投融资模式，发挥市场在资源配置中的决定性作用，满足日益增长的建设资金需求。

4.1.2 北京市小城镇发展基金

（1）背　景

为了解决小城镇建设资金不足的问题，“十二五”期间，北京市在全国率先提出并实施了小城镇发展基金计划，采取政府引导、专项基金运作、银行金融支持的模式设立小城镇发展基金，解决资金“瓶颈”问题。该模式充分利用地方政府、社会企业和银行三方力量，发起建立小城镇发展基金，对重点支持小城镇基础设施建设进行“P to P”模式融资操作。“十三五”时期形成了规模100亿元的股权投资基金，持续、稳定促进了北京小城镇的发展。

2011年7月，北京市政府举办联席会议，市发改委与首创集团、中信地产等企业以及国开金融公司、国开行北京分行等金融机构联合签署了《北京小城镇发展基金合作框架协议》，联合发起设立全国第一支专门用于城镇建设的股权投资基金，该基金总规模100亿元，首期25亿元，其中，政府引导性资金5亿元，占10%。实际撬动社会资金规模200亿元，包括基金类50亿元、股金和贷款约150亿元。第一批支持资金涉及北京市周边6个区、县的7个重点小城镇，覆盖了基础设施建设、特色产业培育、土地整理项目等建设内容。政府通过投资引导，采取社会化的资金运作方式，吸引和带动社会资金参与小城镇建设，实现了政府投资对社会投资的引导和放大作用。

（2）投资主体

总体上看，目前北京市小城镇建设资金主要有3个来源：一是传统的政府部门固定资产投资，其投资目标以社会公益性为主，比较注重城镇的未来发展，但不足是投资回收期长、投资规模小，且受财政收入影响较大；二是社会资金，近年来，一些社会机构也参与到了城镇建设当中，但其投资目标则是以盈利为主，主要是看中了个别建设项目周期短、见效快且收益稳定的特点，对城镇长远发展考虑较少，建设规划缺乏系统性；三是近年来通过体制创新引入的小城镇建设基金兼具社会资金和政府投资的优点，由政府引导设立股权投资基金，既可吸纳各类企业、金融机构共同参与，弥补了财政投资的不足，又可实现“四两拨千斤”的资金引导放大作用，还可将建设资金与小城镇长期发展规划契合，保证小城镇建设持续的资金来源和相对稳定的收益率，同时也可为社会资金参与小城镇建设提供一个规范、集合式的投资平台。

（3）投资对象及投资方式

北京市小城镇发展基金投资范围以“十二五”期间确立的42个重点小城镇为主，主要投资方向为工业园区开发建设，文化创意、旅游度假、会议会展等商业设施建设，特色优质农业产业培育等。投资方式按具体项目是否具备经营性可分为3种：一是对于带有准经营性的基础设施建设项目，如供热、供气、供水、污水处理等，按照打捆建设方式与大型专业企业合作，由市、区两级政府提供必要的补贴，使基金投资部分通过项目经营取得合理预期收益；二是对于带有经营性的基础设施建设项目，如餐饮、百货、超市等商业设施，采取与大型连锁企业共同开发建设和经营的方式，打造小城镇商业综合体；三是对于非经营性项目，如道路、公园、医院、学校等，由基金无偿实施一部分，其余主要由市、区两级政府承担。

（4）基金运作方式

在具体项目的运作上（见图4-1），小城镇基金采用股权融资方式，同当地项目企业共同出资建立项目公司，地方企业所占股份为50%，小城镇基金注入股份为46%，政府控股企业占4%，新成立的项目公司向银行申请贷款，通常可获得地方政府控股企业的信用担保。项目由三方共建的项目公司运作开发，按照政府规划要求进行基础设施建设和市场化运作以获得收益。项目融资主体责、权明晰，有助于带动项目周边土地的升值，对小城镇融资能力提升有促进作用。

2016年，北京在实施区、县污水处理厂建设过程中，以小城镇发展基金为依托，积极引进社会资金参与项目建设和运营，探索并建立了社会力量投资建厂、市区政府配网、区镇政府付费的管理方式，按政府和社会资金各占50%的比例，总计投入42亿元建设资金，在全市8个区建成污水处理厂82座，实现了良好的社会效益和经济效益，在吸引社会力量参与小城镇建设过程中开创了成功先例。实践证明，小城镇发展基金可以有效发挥种子资金和政府增信功能，对吸引社会资本投资、撬动金融机构贷款、改善项目财务可行性、分担部分风险等具有重要的作用。

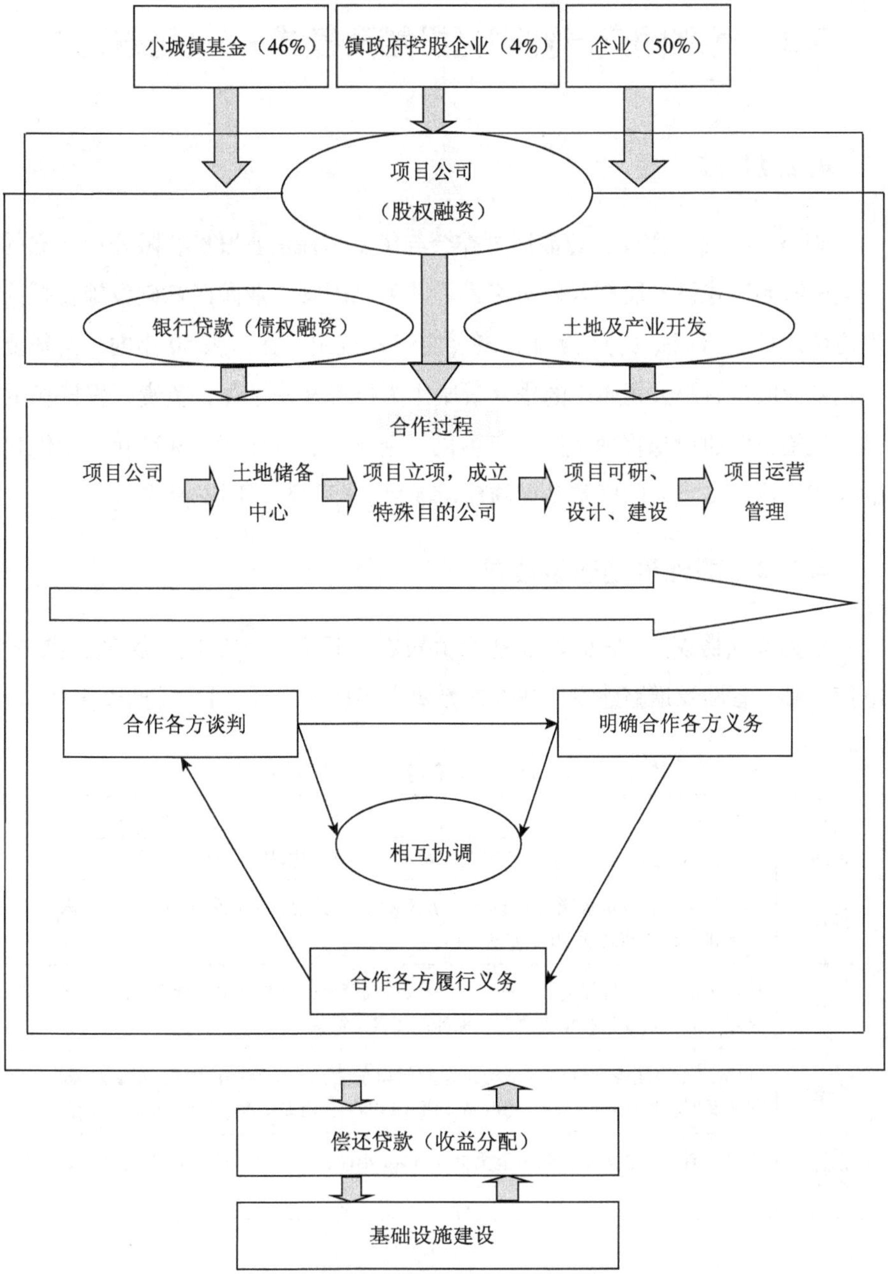

图 4-1　小城镇基金的运作方式

4.2 河北固安产业园区投融资模式——固安模式①

4.2.1 背 景

2006年4月，固安工业园区管委会与华夏幸福基业股份有限公司设立的三浦威特园区建设发展有限公司签署了《河北固安工业园区基础设施委托开发协议》（以下简称《协议》）。该《协议》规定，在未来50年内，由华夏幸福基业股份有限公司旗下的华夏新城作为投资开发主体，负责开发区域的基础设施投资建设与管理，按照市场化、企业化、专业化、标准化、个性化的模式运作固安工业园区基础设施建设项目，即所谓“固安模式”。

4.2.2 基础设施建设成果

根据该《协议》，华夏幸福基业负责在园区开展水、电、煤气、供热、电信、排水管网及道路建设，按委托方要求实现“九通一平”（见表4-1）。

表4-1 2012年园区基础设施建设成果一览

项目	成果
道路	已建成市政道路近75千米，58条（或段）道路的建设
供水	供水站4座，日供水能力为17万立方米的以深层地下水为水源的净水厂。未来工业区供水能力将达35万立方米/日
供气	园区内沿廊涿路铺设有200mm口径的天然气管道，目前日供气量10万立方米，并将根据企业需要进行增容改造，保证满足客户需要
供电	10kV三个电压等级的电网结构，电网供电能力达178600万kVA，年供电量达15亿千瓦时。园区拥有35kV变电站2座，110kV变电站2座、10kV开闭站1座
供热	园区现有2座热力站，锅炉能力共178吨/小时，换热站1个，可供热面积100万平方米

① 资料来源：李晓鹏．地方政府投融资模式研究［M］．北京：机械工业出版社，2014.

续表

项目	成果
排水	污水处理能力为3万立方米/天，配套管网长度为54千米，出水水质执行国家一级A标准，再生水可直接用于农业灌溉
通信	园区主要基础通信服务：固定电话、小灵通、移动电话、IP电话、出租电路、宽带上网、无线上网、VPN、IDC

4.2.3 “固安模式”管理体制

按照“政府主导、企业化运作”的模式，在园区成立之初，开发公司便与地方政府签订了整体委托开发协议，且该协议具有排他性，协议规定由开发公司独享园区前期规划和基础设施建设权利，并先行垫付建设资金，地方政府按协议仅负责提供行政服务、履行相关管理职责，而公司则依靠建设成本10%~15%的利润加成实现盈利目标。

（1）关于资金来源，华夏幸福基业设立了专业的招商机构。专业招商机构横跨多个行业领域，并有完备的企业客户库，分工明确，由产业研究院、策划推广部、招商部组成，高学历的专业人员，高效率、优质化的招商模式，在促进固安工业园区发展招商引资中起到了关键性作用。

（2）激励和补偿政策。按照协议，招商引资项目正式落地后，华夏幸福基业可以按照新增投资额的45%从园区管委会处获得佣金。根据双方事先签署的结算和支付确认函，园区管委会既可以一次性支付佣金，也可以在不超过5年的时间内采用分期付款的形式支付佣金。超高的招商佣金提成比例，极大地激励了开发公司招商引资的积极性，争取和吸引优秀企业集团入园，不仅符合官方意愿，同时也给企业带来了丰厚的利润回报，实现了政府与开发公司双赢的目标。

4.2.4 园区财政支付能力分析

按照委托开发协议，开发公司先期垫付的各种基础设施成本和利润加成资金主要以园区管委会财政收入作为保障。园区管委会的财政收入由两部分组成：一部分是上级财政返还的园区税收收入；另一部分是上级财政返还的园区土地出让收益。园区成立之初，地方政府除了给予入园企业多项税收优惠政策之外，还对部分企业发放高额政府奖励资金，经过初期政策培育，入园企业盈利能力不断增强，新入园企业不断增多，地方政府非土地出让金收入增长，尤其是税收收入不断增长，使得基础设施建设的后期负担减轻。

4.3 大汉模式——小城镇集中连片综合开发①

4.3.1 背 景

大汉集团是湖南省一家著名的民营企业集团，2000 年前后，该集团凭借自身钢贸及建筑主业优势，积极参与所在地区县域城镇基础设施建设，为民营资金助推欠发达地区小城镇基础设施建设开辟了一条新的途径。经过长期实践，大汉集团的运作模式被总结为“政府引导、企业运作、链条式开发、市场化经营”的小城镇开发建设综合解决方案和实践范本，即所谓的“大汉模式”。

4.3.2 管理体制

（1）前期对接

地方政府根据自身小城镇建设需求及大汉集团成功案例综合分析引入“大汉模式”的可行性，经论证可以复制成功经验的，即与大汉集团对接，洽谈合作事宜，并正式签署运营开发协议。

（2）确立开发项目

引入第三方评估机构对综合开发方案进行评估，形成综合运营开发项目及项目组合，并交由地方政府和大汉集团共同协商确认。

① 《湖南省推进新型城镇化实施纲要（2014—2020 年）》（湘政发〔2014〕32 号）。

（3）设置协调联络机构

为保障综合开发项目有序进行，地方政府先期成立专门协调机构负责项目开发期间的征地拆迁、民意疏导、维护稳定、项目宣传等具体事务协调联络工作。

（4）成立项目运营部门

综合运营开发项目确立后，大汉集团成立项目运营指挥部，负责项目现场指挥、融资及施工企业招标工作。

（5）项目建设

作为投资方，大汉集团下属城镇建设有限公司负责整个开发项目的综合运行管理工作；地方政府协调联络机构按照开发协议对大汉集团建设情况进行监督，确保建设行为始终处于政府的有效监管之下。

（6）项目运营及移交

综合运营开发建设项目竣工，所建基础设施通过验收后直接向无偿政府移交；而大汉集团则通过一揽子协议以适当的价格取得周边土地使用权，通过开发商业地产，住宅项目将人才、资金、市场、商机等多重要素进行重新组合，实现资本增值，实现企业、农民、政府、社会四方的互利共赢。

4.4 内蒙古小城镇基础设施建设投融资市场化的 PPP 实践

为响应国家关于小城镇基础设施投融资市场化、民营化的号召，内蒙古 H 镇污水处理项目采取政府与社会资本合作（PPP）融资方式，为区内同类建设项目融资方式选择起到了积极的示范作用。

4.4.1 项目简介

H 镇污水处理 PPP 项目由某排水有限责任公司主导建设，“H 镇污水处理二期扩建工程”总投资额为 2.69 亿元。某排水有限责任公司分公司下辖污水处理厂，设计规模为处理污水 7.5 万吨/日，分三期实施，已建成一期处理能力为 2.5 万吨/日，计划二期建成后合计达 5 万吨/日，三期达 7.5 万吨/日。上述项目一期存量资产价值为 13717.5521 万元，二期扩建工程概算总投资为 13187.05 万元。

4.4.2 项目运作的方式

本项目采用政府和社会资本合作（PPP）模式，具体运作方式为“添建—运营—转让（ROT）”，采用“资产权益转让+股权合作”方式引入专业从事污水处理的社会资本运作，具体按照以下步骤进行：

（1）以资产权益转让的方式，通过竞争性磋商的方式选择项目社会资本方。股权合作：中选投资人与市政府指定的实施机构——某排水有限责任公司共同组建项目公司，项目公司注册资本金不低于项目总投资的 30%。其中政府方以 H 镇污水处理一期工程部分资产出资（8071.38 万元），拥有项目公司 30%的股权；剩余部分由中选投资人以货币资金出资（共 18833.22 万元，包括两部分：一是存量部分，一期资产去除政府方参股后剩余部分；二是增量部分，二期工程建设总投资），拥有项目公司 70%的股权。

（2）项目公司获得政府特许经营权。依据《基础设施和公用事业特许经营管理办法》（六部委 2015 年第 25 号令），结合污水处理项目特点和行业惯例，以及本项目规模和经营方式，特许经营期限设定为 25 年（其中包括不超过两年的建设期）。

（3）项目竣工验收、投入运营后，项目公司在特许经营期内按约定提供项目的运营服务并收取费用，收回社会资本的前期投资；市财政则以支付污水处理服务费的方式向项目公司购买服务，政府方股权部分不计算投资收益。

（4）特许经营期满，投资人将项目资产（股权）无偿移交给政府方。移交后政府方如需对项目委托运营的，同等条件下原社会资本方有优先权。

4.4.3 项目建设过程中财政投入资金的处置方式

因该项目属于国家政策支持的水污染治理项目，已列入“十三五”规划，在项目建设过程中，可获得国家发展改革委、财政部的专项资金支持。建设期获得的专项资金处置方式有两种：一是用于回购社会资本方在项目公司享有的相应股权，政府回购的股权在项目公司不计收益，并重新核算污水处理服务单价；二是专项资金用于二期扩建工程项目建设，专项资金投入多少，社会资本方用同等规模的自有资金缴入市财政。正式投入运营后获得的财政补助资金用于支付污水处理服务费。

4.4.4 项目回报机制

项目支付及收入方式：本项目属于“可行性缺口补助”的 PPP 项目，即项目公司的收益来源于用户的污水处理费，不足部分由政府补足。由产生污水的家庭、单位和园区企业依据政府定价的缴纳污水处理费，并按收支两条线的方式，由政府方统一收取和支付。市财政根据项目公司提供符合标准的污水处理服务量，结合绩效考核结果付费购买污水处理服务。使用者付费部分不足以覆盖项目公司结算费用的，由市财政予以补足。

项目服务区域的污水处理服务费是由市政府委托区政府收取，但目前区政府并未收取专项用于分公司的污水处理服务费，因此暂定本项目使用者付费为零，因而项目公司的污水处理服务费收入全部来自于市和区政府财政部门支付项目公司的政府购买服务费，即全部由财政补足。

因测算社会资本收益时按照保底水量计算，当实际污水处理量超出保底水量时，超出部分收益，政府只支付项目公司超出部分污水处理成本，剩余收益作为财政收入。

4.4.5 监管架构

依据《市政公用事业特许经营管理办法》，污水处理 PPP 项目的监管方是市政府及其授权部门（特许人）。

根据行政管理机构的事权划分关系，城市政府的住建、发展改革（物价）、经信、财政、审计、环保等相关行政管理机关负责对城市污水处理PPP项目公司的具体监管，相关部门依据部门职责分工负责，共同建立项目的污水处理水质监测、成本监审、安全运营、项目公司移交等全方位的监管体系。

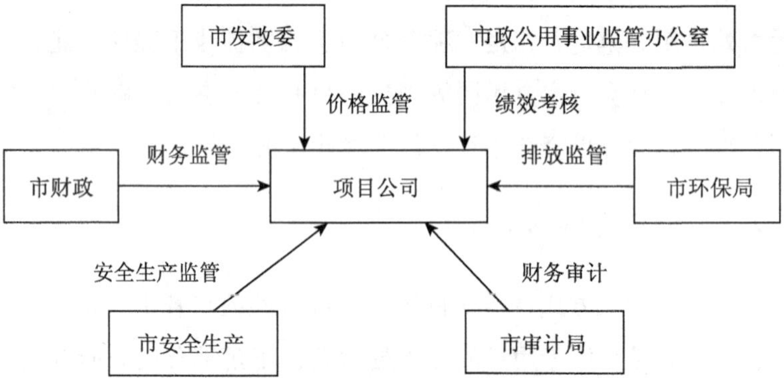

图 4-2　H 镇 PPP 项目监管架构

参与项目监管的政府部门要依据本部门权力清单，对项目涉及公众安全和利益的生产、环境、项目开支、运营成本及收费标准等方面进行严格监管。

H 镇污水处理项目体现出政府与社会资本合作，利用专业化运营和管理优势取得收益，提高公共产品的效率、质量和服务水平。

5 内蒙古小城镇基础设施建设投融资管理体制现状及问题

内蒙古小城镇经济发展相对滞后，一些小城镇规模小，布局比较分散，经济集聚功能差，对当地经济的支撑、带动作用有限。同时，内蒙古自治区地域辽阔，东西跨度大，镇区间平均距离大，镇间联系程度比较弱，影响了内蒙古自治区的城乡一体化发展。在内蒙古地区，镇对城镇化的贡献率达到41.6%，高于全国镇的贡献率平均值（镇人口/城镇人口）39.74%，贡献率较高。因此，内蒙古小城镇建设在民族地区城镇化过程中具有十分重要的意义。截至2016年年底，内蒙古拥有旗、县城关镇69个，建制镇425个[①]，并且培育了大批重点城镇，城镇经济实力不断增强。截至2016年年底，全区共有259个自治区级重点镇、143个国家级重点镇，29个城镇进入全国千强镇。2017年住建部公布的第四批美丽宜居小镇中，内蒙古有3个镇入选，分别是内蒙古自治区鄂尔多斯市伊金霍洛旗伊金霍洛镇、内蒙古自治区包头市土右旗萨拉齐镇、内蒙古自治区赤峰市克什克腾旗同兴镇。目前，在内蒙古的小城镇建设中，存在巨大的基础设施建设需求，资金短缺是制约内蒙古小城镇提高质量、扩大规模发展的主要约束条件，小城镇扩张需要大量的基础设施投资，来增加小城镇对农村富余劳动力的吸纳能力。因此，内蒙古小城镇基础设施建设中各级地方政府特别关注的问题不仅是小城镇基础设施建设资金筹集、使用及管理的问题，归根到底是内蒙古小城镇基础设施建设投融资管理体制的问题。

---

① 数据来源：《内蒙古自治区“十三五”新型城镇化规划》（内政发〔2016〕141号）。

5.1 内蒙古小城镇发展现状

为了加强内蒙古小城镇建设管理，内蒙古依据国家有关法律、法规的规定，结合内蒙古自治区实际，出台了一系列有关小城镇发展建设的政策意见（见表 5-1）。政策的推动促进了内蒙古小城镇的发展。

表 5-1 国家层面关于发展小城镇的政策文件汇总

时间	相关事件	有关小城镇
1994 年	《关于加强小城镇建设的若干意见》（建村〔1994〕564 号）	把积极引导和加强小城镇建设作为进一步推动农村经济全面发展的一项重要工作。小城镇管理体制要根据建立社会主义市场经济体制的要求，全面深化改革
1998 年	十五届三中全会	小城镇，大战略
2000 年	中共中央国务院《关于小城镇建设有关政策》（中发〔2000〕11 号文件）	对小城镇建设用地政策、小城镇户籍管理制度与政策及小城镇经济和社会管理职能政策
2000 年	中共中央、国务院《关于促进小城镇健康发展的若干意见》（中发〔2000〕11 号）	多数小城镇基础设施不配套，影响城镇整体功能的发挥；小城镇自身管理体制不适应社会主义市场经济的要求。小城镇科学、健康发展
2000 年	国土资源部《关于加强土地管理促进小城镇健康发展的通知》（国土资发〔2000〕337 号）	发展小城镇，既是带动农村经济和社会发展的大战略，又是推进我国城镇化的重要途径，还是集约用地和保护耕地的有效途径
2005 年	“十一五”规划	大、中、小城市和小城镇协调发展，完善小城镇发展的财税、投融资等配套政策，安排年度土地利用计划支持小城镇发展，固定资产投资向小城镇建设倾斜，要逐步提高小城镇的综合承载能力和提升小城镇发展质量
2006 年	关于印发《小城镇建设技术政策》的通知	为地方建设行政主管部门指导小城镇规划、建设和管理提供了政策性依据，为地方科技行政主管部门组织研究开发适用于小城镇的先进适用技术提供了应遵循的原则
2011 年	“十二五”规划	强调要有重点地发展小城镇，把有条件的小城镇逐步发展成为中、小城市

续表

时间	相关事件	有关小城镇
2011 年	《关于绿色重点小城镇试点示范的实施意见》（财建〔2011〕341 号）	通过加强政策扶持与引导，创建一批生态环境良好、基础设施完善、人居环境优良、管理机制健全、经济社会发展协调的绿色重点小城镇，切实为提高小城镇建设的质量和水平提供示范，为建立符合我国国情的小城镇建设发展模式积累经验
2012 年	十八大	提出“加快推进城市化、城镇化、城乡一体化建设”的决策部署，并在政府工作报告中再次强调要继续促进大、中、小城市和小城镇协调发展
2014 年	十八届三中全会	提出推进“以人的城镇化为核心”的新型城镇化，推动大、中、小城市和小城镇协调发展，产业和城镇融合发展，促进城镇化和新农村建设协调推进的道路
2014 年	《国家新型城镇化规划（2014—2020 年）》	提出“有重点地发展小城镇”“按照控制数量、提高质量，节约用地、体现特色的要求，推动小城镇发展与疏解大城市中心城区功能相结合、与特色产业发展相结合、与服务‘三农’相结合”，强调推进交通、水利、能源、市政等基础设施建设及小城镇建设过程中创新融资模式化解新型城镇化融资困境
2016 年	“十三五”规划	培育发展特色小镇和小城镇成为深入推进供给侧结构性改革的重要平台和新型城镇化建设的重要抓手

表 5-2　内蒙古自治区有关小城镇政策文件汇总

时间	相关事件	有关小城镇
1999 年制定并于 2004 年进行了修正	内蒙古自治区第九届人民代表大会常务委员会第十二次会议通过了《内蒙古自治区小城镇规划建设管理条例》	对于内蒙古小城镇基础设施建设规划、建设、管理及相关机构职责进行了初步的规定，为内蒙古小城镇基础设施建设提供了基本的依据
2000 年 9 月	内蒙古自治区党委政府《关于促进全区小城镇健康发展的意见》（内党发〔2000〕13 号）	按照国家和自治区实施西部大开发的总体战略，以旗县城关镇和具有经济辐射、带动作用的中心城镇为重点，形成星罗棋布、具有民族风格和地方特色的小城镇网络，全面带动和促进自治区经济和社会发展。提出加强小城镇基础设施建设，提高综合发展能力，多渠道、多层次筹集资金，充分运用市场机制加快小城镇建设，加大小城镇建设奖励性补贴等各级财政支持小城镇建设和发展的力度。实行“谁投资谁所有，谁经营谁受益”的政策，鼓励、支持、吸引企业、个人及外商等各方面力量，积极参与小城镇基础设施和其他经营设施的投资、建设、经营

续表

时间	相关事件	有关小城镇
2013 年	内蒙古自治区党委九届五次全委会议暨全区经济工作会议	内蒙古自治区为支撑内蒙古经济发展的新动力，统筹城乡区域协调发展部署了“大力发展县域经济”的战略决策，突出了内蒙古小城镇建设对县域经济发展的促进和推动作用
2016 年 9 月	《内蒙古自治区人民政府办公厅关于特色小镇建设工作的指导意见》（内政办发〔2016〕128 号）	对拓宽内蒙古小城镇建设投融资渠道指出方向，进一步规范和完善公共财政投入，各级财政统筹整合各类已设立的相关专项资金，重点支持特色小镇市政基础设施建设

内蒙古自治区的小城镇区域差异明显。在行政区域面积上，内蒙古小城镇行政区域面积最大的是阿拉善右旗阿拉腾敖包镇，行政区域面积达到2866500 公顷，最小的是包头昆都仑区昆河镇，行政区域面积只有 1650 公顷，前者是后者的 1737 倍；在人口差异上，2016 年内蒙古人口最多的小城镇是准格尔旗薛家湾镇，人口达 135000 人，人口最少的是达尔罕茂明安联合旗明安镇，只有 3678 人。内蒙古小城镇间的差异由此可见一斑。

5. 1. 1 内蒙古的城镇化率显著提高

1947 年内蒙古自治区成立时城镇化水平是非常低的，城镇化率只有 12. 2%，略高于全国平均水平。自治区成立以来，随着经济的发展，城镇化进程显著加快。城镇化率开始逐年提升，2015 年内蒙古自治区常住人口城镇化率高达 60. 3%，比全国高出 4. 2%（见表 5-3）。内蒙古城镇化率提高很显著。2015 年内蒙古通过户籍人口计算出的城镇化率达 44. 16%，比 2011 年提高了 2 个百分点；通过常住人口计算的常住人口城镇化率达 60. 3%，比 2012 年提高了 2. 6 个百分点。2015 年，无论是户籍人口城镇化率还是常住人口城镇化率均比全国高出约 4 个百分点，在西部省、区中排名第 2 位。预计到 2020 年，全区城镇人口承载能力能达到 1700 万人以上，69 个旗县城关镇将容纳 300 万左右的人口，其他建制镇可以容纳 250 万左右的人口。多年来，“一核多中心、一带多轴线”的城镇格局已初步形成，大、中、小城市和小城镇协调发展，呼和浩特、包头、鄂尔多斯城市圈规模显现，旗、县城关镇和部分中心镇实力明显提高。

表 5-3 全国东、中、西部地区与内蒙古自治区常住人口城镇化率比较

地 区	2000 年	2006 年	2012 年	2015 年
全国	36.2%	43.9	52.6%	56.1%
内蒙古自治区	42.7%	48.6%	57.7%	60.3%
东部地区	46.1%	54.5%	56.4%	64.3%
中部地区	33.0%	40.4%	53.4%	50.9%
西部地区	28.7%	35.7%	44.9%	45.2%

数据来源：从 2001—2016 年《中国统计年鉴》整理得来。

5.1.2 城乡规划不断完善

内蒙古新农村、新牧区小城镇建设必须走符合内蒙古自治区区情的路径。1999 年，内蒙古自治区从法规上颁布了专门规划小城镇的管理条例，随后 2002 年建设部出台了《关于加强小城镇建设的指导意见》，2006 年印发《小城镇建设技术政策》，为内蒙古农牧区小城镇建设提供了有力的政策支持。内蒙古多个小城镇一般都有镇总体规划，有的小城镇还有供排水、绿化、供热、消防等专项规划，为小城镇的基础设施建设发展指引了方向。如呼伦贝尔市莫力达瓦达斡尔族自治旗尼尔基镇编制了《莫力达瓦达斡尔族自治旗城镇总体规划》《尼尔基镇控制性详细规划》《旗域村镇体系规划》《尼尔基镇水系规划》《尼尔基水库库区可持续发展规划》《莫力达瓦工业园区规划》。

“十二五”时期内蒙古编制完成了多个城镇规划和镇域规划，如《内蒙古自治区城镇体系规划》《乌海及周边地区城镇规划》等，城镇控制性详细规划覆盖率达到 80% 以上。在镇域规划上，自治区级重点镇（250 个）的镇域规划、一般建制镇（90 个）的镇域规划和旗县（58 个）的县域村镇体系规划已经编制完成，同时，针对呼和浩特市国家历史文化名城、中国历史文化名镇（村）（6 个）和传统村落（16 个）的保护发展专项规划也陆续完成。大大完善了规划法规体系，进一步提高了城乡规划的科学性和权威性。

5.1.3 小城镇基础设施承载能力不断提高

小城镇基础设施在人均道路面积、人均公园绿地面积、垃圾无害化处理率、城市绿地率和绿化覆盖率等方面都有很大提高，大大增强了小城镇的承载能力，从 69 个城关镇的建成面积增幅来看，2015 年比 2010 年扩大了 16.8%，也体现出内蒙古小城镇建设明显改善，尤其是在基础设施上。

5.1.4 小城镇建设呈现出边疆民族地区城镇特点

内蒙古小城镇的突出特点是区域上农牧区小城镇较多，人口稀少，小城镇规模小，加上内蒙古处于地域辽阔的少数民族边疆地区，有的小城镇镇与镇之间的距离很大，不能得益于城市基础设施的辐射。按照全区区域划分可以分成 4 个区域，即纯牧区、半牧区、边境地区和老区。从小城镇分布区域看，内蒙古自治区的 425 个建制镇中，其中有 73 个边境地区小城镇、139 个纯牧区小城镇、160 个半牧区小城镇、265 个老区小城镇；从各区域小城镇所占面积看，半牧区 693 平方千米、老区 840 平方千米、纯牧区 2726 平方千米、边境地区 4380 平方千米。从小城镇分布区域和小城镇所在面积可以清晰地看出内蒙古小城镇的分布密度，再结合各区域的自然条件，可以得出内蒙古小城镇的分布特点。半牧区和老区的小城镇主要分布在东部 3 个盟市和中西部地区的呼包鄂市及巴彦淖尔市，还有一小部分分布在锡林郭勒盟。这一区域在自然条件上很优越，土壤质量好、雨水充足或灌溉条件较好，人口比较集中，这些区域的小城镇发展适合以农业为主，因此，这些区域在基础设施投资上要倾向于农田水利基础设施的建设。另两个区域，即牧区和边境地区属于气候干旱地区（东部四盟市的几个牧区除外），人口稀少，建设小城镇的基础条件比较薄弱。总体来看，内蒙古小城镇从镇的数量和镇区人口来看，呈从东向西递减，而城镇平均面积呈从东向西递增的规律，半牧区和老区小城镇的集中度远比牧区和边境地区高。

5.2 内蒙古小城镇基础设施建设投融资现状

内蒙古自治区作为西部少数民族地区，随着近几年城镇化水平的逐步加快，各小城镇的宽通道、供排水、草坪、广场建设有了较大发展。近年来，对基础设施投资力度加大，基础设施投资范围有所扩大，基础设施投融资效率有所提高。但是从总体上看，内蒙古小城镇基础设施仍然相对薄弱，与全国水平相比差距十分明显，承载经济发展和居民生活的能力比较低，并且，内蒙古小城镇基础设施投融资管理体制普遍存在投资主体单一、融资渠道不畅、镇级政府财力不足等问题，影响了小城镇整体功能的发挥和持续健康发展。

5.2.1 内蒙古小城镇的类型及基础设施特点

不同种类、不同规模的自然资源地域，因为自然条件的分布特点和地质成矿规律的影响，会形成不同类型、不同规模的小城镇，每种不同类型的小城镇在建设基础设施时会呈现出不同的特点。依托各地特色资源，发挥小镇经济优势，可将小城镇按功能类型划分为以下几种类型（见表 5-4），各种类型的小城镇对基础设施的需求也会有所差异。实际情况中，一个小城镇有多种功能，对小城镇功能的预见对小城镇规模预测、空间布局以及基础设施的配套都将起到引导作用。

表 5-4 内蒙古按功能类型划分小城镇类型及基础设施特点

小城镇类型	基础设施建设特点
工业型	这类小城镇的特点是乡镇工业发达，基础设施较好，有的建立了工业小区，从而带动小城镇的建设，逐步发展成为工业城镇。围绕清洁能源输出基地、全国重要的现代煤化工生产示范基地、有色金属生产加工和现代装备制造等新型产业基地和绿色农畜产品生产加工输出基地建设，依托当地独特的自然资源和产业园区，发挥传统采掘、加工工业优势，发展循环经济，推进产业链条延伸，实现产品升级，促进产业迈向中高端

续表

小城镇类型	基础设施建设特点
生态宜居型	这类小城镇多在生态优良、气候宜人的地方，发展适宜居住、康复养生和观光的生态宜居特色镇，依托温泉、森林等健康养生资源，打造在国内知名度较高的夏避暑、冬赏雪的休闲养生精品小镇
现代农牧业型	以农业和畜牧业为主的小城镇，注意与生态发展相结合，发展生态畜牧业和种植业，推进草场与牲畜的优化组合，推进现代农业示范区的建设，加快改善示范区基础设施条件，提升物质装备水平，进一步提升示范区的集聚、辐射、带动能力，形成一批特色优势明显、科技含量高、示范引领作用强的现代农牧业示范区。依托龙头企业和特色产品，突出发展特色种植、养殖业，发展生态农业、设施农牧业、光伏农业，同时提供农牧业观光、体验等多项休闲服务，形成以提高农牧民收益为目的的农牧业经营形态
商贸物流型	借助“互联网+”，重点发展集采购、贸易、仓储、加工、配送、金融、信息等功能于一体的现代商贸物流业。依托特色农畜产品资源，壮大批发市场，培育农业贸易特色镇。发挥交通区位优势，发展建材、生活日用品批发市场，建设区域商品集散地。围绕综合物流产业园区建设综合物流小镇
文化旅游型	这类小城镇的特点是地处名胜古迹，旅游资源丰富，通过旅游资源的开发及其配套设施的建设而形成新兴的小城镇。发挥历史文化积淀厚重、民族风情浓郁、自然风光秀美等优势，坚持产业、文化、旅游“三位一体”和生产、生活、生态融合发展，提供自然风光游、文化体验游等多种高品质旅游服务，发展商贸、旅游纪念品、旅店、餐饮等旅游相关产业。重点培育和打造草原风情、民族风情、民俗文化、沙漠风光、建筑遗存、宗教文化、革命遗迹等各具特色的旅游品牌
边境口岸型	在边境线上与邻国发展民间贸易、进行物资交流的集散地，由于区位的特殊性，主要从事对外经贸联系，设置有国内商号、仓储设施等。以国际交通运输、国际贸易流通、外向型制造业和国际旅游基地为方向，着力释放开发开放潜力，优化提升城镇综合服务功能，提高产业和人口集聚程度，重点发展国际贸易、现代物流、跨境旅游、科技会展等服务业和进出口加工制造业，建设成为沿边经济带的重要支撑
资源型	充分利用当地丰富的自然资源，建立起自己的优势产业，以此推动小城镇的发展，从而形成支柱产业，内蒙古资源丰富，依靠资源优势发展起来的小城镇要注意环境和生态保护
大数据型	依托云计算数据中心，在呼和浩特市、赤峰市、锡林郭勒盟、乌兰察布市、包头市等地，培育一批标准化、品牌化、规模化、服务型龙头企业和云计算配套企业，加强大数据服务、公共信息服务平台建设，配套建设数据加工基地、大数据产业园、数据出口基地和生活设施，到2020年打造成立足内蒙古、服务京津冀、辐射全国的云计算数据中心和国家级云计算大数据产业基地

5.2.2 分类型内蒙古小城镇基础设施建设情况

这部分主要分析排水设施、能源设施、道路交通设施、环境绿化设施及垃圾处理设施五类基础设施的实物现状。依次用指标人均日生活用水量、用水普及率、燃气普及率、建成区供水管道密度、人均道路面积、建成区排水管道密度、建成区绿化覆盖率、人均公园绿地面积、建成区绿地率、污水处理率及生活垃圾处理率来反映。

从表 5-5 中可以看出，2006—2014 年内蒙古自治区小城镇基础设施整体水平呈上升趋势，其中个别年份有所波动，其他年份均稳步增长。用水普及率由 2006 年的 55.3%上升到 2014 年的 65.39%，其中 2009 年用水普及率达 85.8%，燃气普及率由 2006 年的 11.9%上升到 2014 年的 15.76%，排水管道密度由 2006 年的 0.9 千米/平方千米上升到 2.24 千米/平方千米、绿化覆盖率 2014 年达 9.77%，内蒙古小城镇基础设施水平有待进一步提高。

表 5-5　2006—2014 年内蒙古小城镇基础设施水平

年份	人口密度（人/平方千米）	用水普及率（%）	燃气普及率（%）	人均道路面积/平方米	排水管道密度（千米/平方千米）	人均公园绿地面积/平方米	绿化覆盖率（%）	绿地率（%）
2006	3408	55.3	11.9	19.4	0.9	2	10.2	5
2007	3679	45.3	10.5	9.5	0.71	1.55	9.6	4.6
2008	3453	63	13.8	5.6	0.8	1.36	8	3.6
2009	5136	85.8	9.7	13.1	3.89	1.09	22.3	8.5
2010	3415	66.3	14.6	6.9	1.27	1.36	9.5	4.7
2011	3577	57.6	14	7.7	1.59	1.46	9	4
2012	3389	56.1	13.2	8.7	1.66	1.42	8.7	4
2013	3185	60.38	15.8	10.23	1.99	1.58	9.43	4.46
2014	3124	65.39	15.76	11.93	2.24	0.16	9.77	4.65

数据来源：2006—2014 年《中国城乡建设统计年鉴》。

表 5-6 2006—2014 年内蒙古小城镇基础设施存量情况

年份	用气人口/万人	集中供热面积/万平方米	道路长度/千米	桥梁座数/座	防洪堤长度/千米	供水管道长度/千米	排水管道长度/千米	绿化覆盖面积/公顷	污水处理厂日处理能力（万立方米/日）
2006	36.4	779.6	5385	701	1085	6060	794	9156	—
2007	27	419	3159	719	1182	4799	498	6728	0.68
2008	46.6	7475	2513	2306	1296	6949	784	7801	8.57
2009	54.8	926	2742	2270	1470	7779	840	7958	10.31
2010	50.4	1369	3399	987	1494	7982	962	9640	11.93
2011	48.8	1500	3599	1187	1726	8384	1179	8792	9
2012	42.6	1647	3825	1086	1699	8533	1199	8363	14.2
2013	48.7	2420	4395	1156	—	8853	1458	9115	5
2014	47.3	2365	5164	1287	—	9550	1594	9395	6

数据来源：2006—2014 年《中国城乡建设统计年鉴》。

从表 5-6 中内蒙古小城镇基础设施存量来看，除 2007 年、2008 年有个别波动外，燃气、供热、道路桥梁、防洪、供水、排水、绿化、污水处理方面的存量都稳步上升，供水管道由 2006 年的 6060 千米增加到 2014 年的 9550 千米，排水管道长度由 2006 年的 794 千米增长到 2014 年的 1594 千米。

5.2.3 分行业内蒙古小城镇基础设施建设投资情况

基于《中国城乡建设统计年鉴》，从内蒙古小城镇基础设施投资指标来看，截至 2014 年年底内蒙古小城镇（县所在建制镇）基础设施投资总额达 1989622 万元（见表 5-7），比 2010 年增长 35.56%，虽然较前两年增长率有所下降，但仍保持较高的增长水平。2012 年、2013 年增长率分别为 62.24%和 77.88%。

表 5-7　2006—2014 年分行业内蒙古小城镇基础设施建设投资情况

单位：万元

年份	本年投资额	供水	燃气	集中供热	道路桥梁	污水处理	园林绿化	垃圾处理
2006	—	14043	—		97420		19543	—
2007	52315	14075	194	8613	20259	477	8331	366
2008	55629	6306	793	6346	23097	4050	13828	1209
2009	44160	9291	486	4142	23287	736	5589	629
2010	201475	33810	7253	25713	77471	8427	47251	1550
2011	237611	18885	7965	58246	84148	8383	59048	936
2012	180751	23294	10471	36359	61818	5433	42536	840
2013	186366	24586	3482	45448	77027	7332	27280	1211
2014	137886	14304	629	21435	65786	14124	18212	3396

数据来源：2006—2014 年《中国城乡建设统计年鉴》。

从表 5-7 中和表 5-8 中可以看出，2010—2014 年内蒙古小城镇按行业基础设施投资额来看，供水、燃气、集中供热、道路桥梁、排水、园林绿化、市容环境卫生及垃圾处理年投资额整体呈上升趋势，虽然 2014 年供水、燃气、道路桥梁、排水、园林绿化较 2013 年有所下降，其他大多数年份是上升的，年平均增长率分别为供水 28.43%、燃气 222.16%、集中供热 74.41%、道路桥梁 34.23%、排水 257.73%、园林绿化 97.1%、垃圾处理 71.93%。

表 5-8　2006—2014 年分行业内蒙古小城镇基础设施建设投资额增长率情况

年份	供水增长率	燃气增长率	集中供热增长率	道路桥梁增长率	污水处理增长率	园林绿化增长率	垃圾处理增长率
2008	-55.20%	308.76%	-26.32%	14.01%	749.06%	65.98%	230.33%
2009	47.34%	-38.71%	-34.73%	0.82%	-81.83%	-59.58%	-47.97%
2010	263.90%	1392.39%	520.79%	232.68%	1044.97%	745.43%	146.42%
2011	-44.14%	9.82%	126.52%	8.62%	-0.52%	24.97%	-39.61%
2012	23.35%	31.46%	-37.58%	-26.54%	-35.19%	-27.96%	-10.26%
2013	5.55%	-66.75%	25.00%	24.60%	34.95%	-35.87%	44.17%
2014	-41.82%	-81.94%	-52.84%	-14.59%	92.64%	-33.24%	180.43%
平均	28.43%	222.16%	74.41%	34.23%	257.73%	97.1%	71.93%

数据来源：2006—2014 年《中国城乡建设统计年鉴》。

5.2.4 按资金来源结构分析内蒙古小城镇基础设施建设投资情况

内蒙古小城镇基础设施投资资金来源主要包括中央财政拨款、地方财政拨款、国内贷款、利用外资、自筹资金和其他资金，其中小城镇由于经济、社会及地理条件的影响，利用外资资金较少，仅2007—2010年有利用外资的情况，并且利用外资金额逐年减少，到2010年仅有898万元，仅占当年资金来源的0.07%，其他年份则没有外资资金来源。

表5-9 2006—2014年内蒙古小城镇基础设施建设各类资金来源结构

单位：万元

年份	本年资金来源小计	中央财政拨款	比重（%）	地方财政拨款	比重（%）	国内贷款	比重（%）	利用外资	比重	自筹资金	比重	其他资金	比重
2006	383535	10729	2.80	131193	34.21	10726	2.80	—	—	194502	50.71	36041	9.40
2007	467550	7790	1.67	279268	59.73	11600	2.48	10560	2.26	137364	29.38	20668	4.42
2008	895033	13429	1.50	284998	31.84	33176	3.71	11160	1.25	502722	56.17	49248	5.50
2009	1246164	20793	1.67	460684	36.97	57113	4.58	6651	0.53	443048	35.56	257355	20.65
2010	1358758	37085	2.73	365998	26.94	49741	3	898	0.07	755581	55.61	149455	10.1
2011	1805205	21156	1.17	648844	35.94	59945	3.32	—	—	1053538	58.36	21722	1.2
2012	2465827	47773	1.94	785607	31.86	43399	1.76	—	—	1559693	63.25	29355	1.19
2013	2398087	45647	1.90	168688	7.03	10621	0.44	—	—	1964817	81.93	208314	8.69
2014	1919908	33296	1.73	109017	5.68	137	0.01	—	—	1691379	88.1	86079	4.48

数据来源：2006—2014年《中国城乡建设统计年鉴》。

内蒙古小城镇基础设施投资总额2014年达1989622万元，其中本年资金来源为1919908万元，从表5-9中可以看出，与城市基础设施投资资金来源结构不同，小城镇基础设施投资来源中自筹资金和地方财政拨款所占比重最大，2010—2012年地方财政拨款占本年资金来源的比重分别为26.94%、35.94%和31.86%；自筹资金占本年资金来源比重为55.61%、

58.36%和63.25%，并且还在逐年上升，尤其是2014年，自筹资金占本年资金来源总量的88.1%，而中央财政拨款仅为1.73%，地方财政拨款为5.68%，国内贷款仅为0.01%（见表5-9）。由此可以看出内蒙古小城镇基础设施建设资金灵活性不高，在地方财政支持不足的情况下，基础设施的建设会受到影响，出现资金困难。党的十八大以后，随着国家财政投融资体制改革的推进、投融资体制的创新，内蒙古小城镇基础设施建设资金来源结构呈现出新的特点，地方财政拨款所占比重开始下降，由2011年的35.94%下降到2014年的5.68%，自筹资金所占比重开始大幅上升，到2014年达到88.1%（见图5-1）。内蒙古小城镇基础设施建设的资金来源结构正在优化，政府在小城镇基础设施建设中的投资主体地位很重要，但是投资主体多元化趋势逐渐增强。社会资本较为充裕，通过PPP拓宽小城镇基础设施建设投融资渠道，因此，完善小城镇基础设施投融资管理体制至关重要。

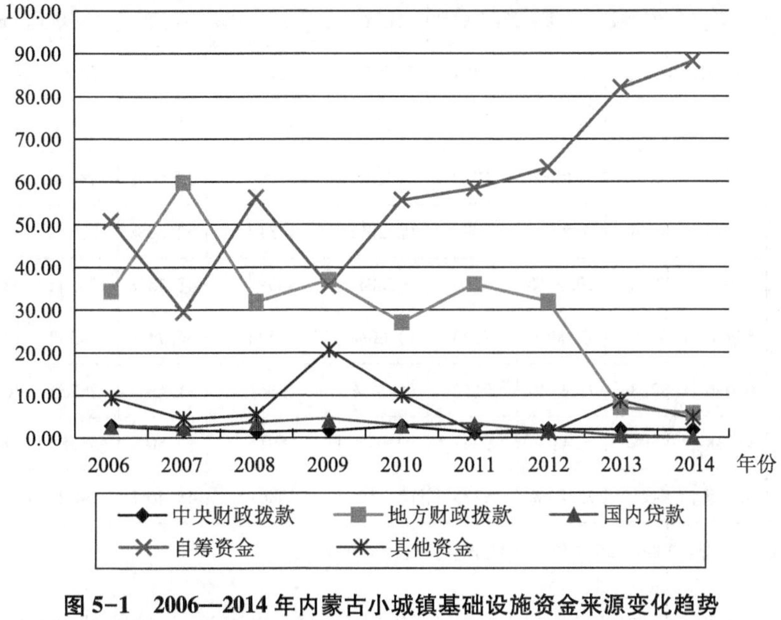

图5-1　2006—2014年内蒙古小城镇基础设施资金来源变化趋势

数据来源：2006—2014年《中国城乡建设统计年鉴》。

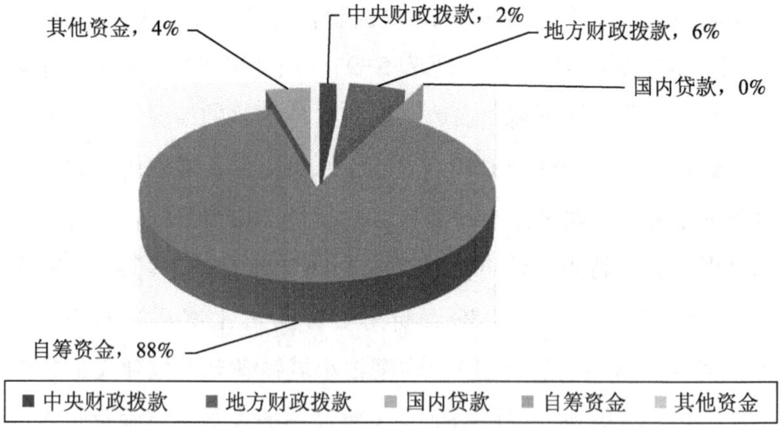

图 5-2 2014 年内蒙古小城镇基础设施资金来源结构

数据来源：2014 年《中国城乡建设统计年鉴》。

表 5-10 2006—2014 年内蒙古小城镇基础设施各级财政资金来源结构

单位：万元

年份	合计	中央财政	比重	省级财政	比重	市（县）财政	比重	本级财政	比重
2006	118324	10031	8.48%	4401	3.72%	50193	42.42%	53698	45.38%
2007	58405	6860	11.75%	2555	4.37%	24016	41.12%	24974	42.76%
2008	90566	3822	4.22%	2020	2.23%	31249	34.50%	53476	59.05%
2009	49970	3934	7.87%	6095	12.20%	16317	32.65%	23623	47.27%
2010	74663	7868	10.54%	6260	8.38%	36393	48.74%	24142	32.33%
2011	83254	4999	6.00%	8323	10.00%	30584	36.74%	39348	47.26%
2012	63036	8788	13.94%	9152	14.52%	19841	31.48%	25255	40.06%
2013	91538	7698	8.41%	9237	10.09%	16015	17.50%	58589	64.01%
2014	36495	9421	25.81%	5733	15.71%	15861	43.46%	5486	15.03%

数据来源：2006—2014 年《中国城乡建设统计年鉴》。

党的十八届三中全会以后，中央政府进一步强调小城镇的协调发展，对小城镇的基础设施资金投入力度加大。从表 5-9 和图 5-3 中可以看出

2013 年内蒙古小城镇基础设施财政资金收入来源情况，首先是镇本级财政资金所占比重最大，达到 64.01%，其次是市（县）财政资金，为 17.50%，而中央和省级财政资金较少，仅为 10.09%和 8.41%。镇本级政府承担了小城镇基础设施建设资金的主要部分，这就给地方政府带来了沉重的财政负担，特别是经济相对落后、地方财政不足的地区，建设资金不足，制约了内蒙古小城镇基础设施的建设和发展。

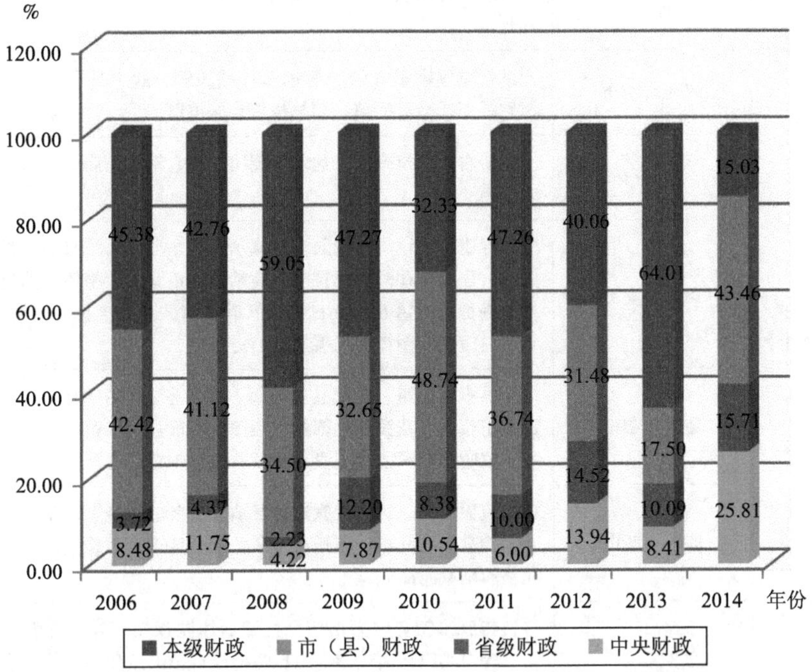

图 5-3　2006—2014 年内蒙古小城镇基础设施各级财政资金来源结构

数据来源：2006—2014 年《中国城乡建设统计年鉴》。

5.2.5　内蒙古东、中、西部地区小城镇部分基础设施建设情况

以内蒙古县城所在地的建制镇为例（共 69 个），沿用内蒙古自治区统计局对全区区域的划分方法，将各小城镇划分为东部、中部和西部 3 个区域（见表 5-11）。

表 5-11　内蒙古自治区旗、县政府所在的小城镇（69 个）

地区	小城镇所在的盟、市	旗县政府所在的小城镇
东部（26 个）	呼伦贝尔市	阿荣旗那吉镇、莫力达瓦达斡尔族自治旗尼尔基镇、新巴尔虎右旗阿拉坦额莫勒镇、新巴尔虎左旗阿木古郎镇和陈巴尔虎旗巴彦库仁镇
	兴安盟	科尔沁右翼前旗科尔沁镇、扎赉特旗音德尔镇、突泉县突泉镇
	通辽	科尔沁左翼中旗保康镇、市科尔沁左翼后旗甘旗卡镇、库伦旗库伦镇奈曼旗大沁他拉镇、扎鲁特旗鲁北镇
	赤峰	巴林左旗林东镇、巴林右旗大板镇、林西县林西镇、翁牛特旗乌丹镇
中部（34 个）	呼和浩特市	土默特左旗察素齐镇、清水河县城关镇、武川县可可以力更镇、托克托县双河镇、和林格尔县城关镇
	包头市	土默特右旗萨拉齐镇、达尔罕茂明安联合旗百灵庙镇、固阳县金山镇
	锡林郭勒盟	太仆寺旗宝昌镇、多伦县多伦淖尔镇、东乌珠穆沁旗乌里雅斯太镇、西乌珠穆沁旗巴拉嘎尔高勒镇、正蓝旗上都镇、苏尼特左旗满都拉图镇苏尼特右旗赛汉塔拉镇、镶黄旗新宝拉格镇、正镶白旗明安图镇阿巴嘎旗别力古台镇
	乌兰察布市	卓资县卓资山镇、凉城县岱海镇、察哈尔右翼中旗科布尔镇、四子王旗乌兰花镇、化德县长顺镇、商都县商都镇、兴和县城关镇察哈尔右翼前旗土贵乌拉镇、察哈尔右翼后旗白音察干镇
	鄂尔多斯市	杭锦旗锡尼镇、达拉特旗树林召镇、准格尔旗薛家湾镇、鄂托克前旗敖勒召其镇、鄂托克旗乌兰镇、乌审旗嘎鲁图镇、伊金霍洛旗阿勒腾席热镇
西部（9 个）	巴彦淖尔市	乌拉特后旗巴音宝力格镇、杭锦后旗陕坝镇、五原县隆兴昌镇、磴口县巴彦高勒镇、乌拉特前旗乌拉山镇和乌拉特中旗海流图镇
	阿拉善盟	阿拉善右旗巴丹吉林镇、阿拉善左旗巴彦浩特镇、额济纳旗达来呼布镇

内蒙古各地区基础设施的投资力度和基础设施建设水平仍不均衡，地理面积、人口均不相等。因此，不能通过基础设施存量总量比较各地区的基础设施水平，由于数据的可获得性，仅选取每万人公路里程数来反映交通基础设施存量水平，每万人本地电话用户数和每万人邮电业务

数反映信息基础设施存量水平和社会基础设施存量水平（见表 5-12）。从表 5-12 中可见，内蒙古小城镇的基础设施分布情况基本与区域经济发展水平相适应，东部地区人口较多，经济发展状况良好，因此，东部地区小城镇的通信基础设施较为完善，每万人本地电话用户数达 3426.12 户，而交通基础设施则西部地区较为完善，平均每万人公路历程数达 162.07 千米/万人。

表 5-12 内蒙古小城镇部分基础设施存量东、中、西部对比分析（2012—2014 年均值）

地区	小城镇	每万人公路里程数	每万人邮电业务数	每万人本地电话用户数
东部地区	呼伦贝尔市阿荣旗那吉镇	74.62	497.87	8144.19
	呼伦贝尔市莫力达瓦达斡尔族自治旗尼尔基镇	59.98	421.76	680.26
	兴安盟科尔沁右翼前旗科尔沁镇	84.28	407.20	378.23
	兴安盟扎赉特旗音德尔镇	57.33	542.06	393.18
	兴安盟突泉县突泉镇	56.44	482.41	521.50
	通辽市科尔沁左翼中旗保康镇	59.70	429.61	7574.75
	通辽市科尔沁左翼后旗甘旗卡镇	90.60	523.89	786.74
	通辽市库伦旗库伦镇	93.14	544.24	9049.97
	通辽市奈曼旗大沁他拉镇	71.26	262.09	8786.53
	通辽市扎鲁特旗鲁北镇	80.15	517.49	8842.37
	赤峰市巴林左旗林东镇	49.53	439.09	795.84
	赤峰市巴林右旗大板镇	122.35	614.64	772.39
	赤峰市林西县林西镇	60.93	491.20	675.53
	赤峰市翁牛特旗乌丹镇	74.06	391.62	445.58
	呼伦贝尔市新巴尔虎右旗阿拉坦额莫勒镇	304.54	1476.42	1784.78
	呼伦贝尔市新巴尔虎左旗阿木古郎镇	440.69	70.59	1371.07
	呼伦贝尔市陈巴尔虎旗巴彦库仁镇	230.23	1236.72	12559.47
	兴安盟科尔沁右翼中旗白音胡硕镇	78.07	611.38	626.66
	赤峰市阿鲁科尔沁旗天山镇	109.92	515.18	924.88
	赤峰市克什克腾旗经棚镇	82.98	170.08	580.31
	赤峰市喀喇沁旗锦山镇	37.21	456.47	713.37
	呼伦贝尔市鄂伦春自治旗阿里河镇	102.83	506.89	7545.38

续表

地区	小城镇	每万人公路里程数	每万人邮电业务数	每万人本地电话用户数
东部地区	呼伦贝尔鄂温克自治旗巴彦托海镇	77.40	89.97	1704.75
	通辽市开鲁县开鲁镇	51.00	661.69	10210.20
	赤峰市宁城县天义镇	34.05	428.71	912.91
	赤峰市敖汉旗新惠镇	43.76	398.57	2298.20
	东部地区均值	101.04	507.22	3426.12
中部地区	呼和浩特市土默特左旗察素齐镇	36.55	447.02	673.02
	呼和浩特市清水河县城关镇	65.24	490.72	481.94
	呼和浩特市武川县可可以力更镇	59.35	288.21	958.42
	包头市土默特右旗萨拉齐镇	76.05	385.66	539.86
	锡林郭勒盟太仆寺旗宝昌镇	65.23	320.29	2238.25
	锡林郭勒盟多伦县多伦淖尔镇	83.85	599.08	2706.02
	乌兰察布市化德县长顺镇	76.51	184.18	963.85
	乌兰察布市商都县商都镇	46.98	85.74	952.23
	乌兰察布市兴和县城关镇	44.28	45.71	488.45
	乌兰察布市察哈尔右翼前旗土贵乌拉镇	45.54	107.47	490.69
	包头市达尔罕茂明安联合旗百灵庙镇	233.31	170.70	639.36
	乌兰察布市察哈尔右翼后旗白音察干镇	68.93	119.82	349.09
	锡林郭勒盟阿巴嘎旗别力古台镇	400.23	918.88	4396.85
	锡林郭勒盟苏尼特左旗满都拉图镇	667.36	1096.90	5409.99
	锡林郭勒盟苏尼特右旗赛汉塔拉镇	288.91	1108.79	3821.00
	锡林郭勒盟镶黄旗新宝拉格镇	281.06	1099.84	520.12
	锡林郭勒盟正镶白旗明安图镇	125.69	608.35	3047.96
	鄂尔多斯市鄂托克前旗敖勒召其镇	258.24	975.10	963.25
	呼和浩特市托克托县双河镇	46.01	421.89	593.77
	鄂尔多斯市杭锦旗锡尼镇	213.90	973.72	927.04
	锡林郭勒盟东乌珠穆沁旗乌里雅斯太镇	382.40	1091.65	3728.40
	锡林郭勒盟西乌珠穆沁旗巴拉嘎尔高勒镇	226.91	1028.54	615.17
	锡林郭勒盟正蓝旗上都镇	189.74	897.65	4606.95
	鄂尔多斯市达拉特旗树林召镇	67.07	887.74	667.10
	鄂尔多斯市准格尔旗薛家湾镇	88.91	3517.33	1916.08

续表

地区	小城镇	每万人公路里程数	每万人邮电业务数	每万人本地电话用户数
东部地区	鄂尔多斯市鄂托克旗乌兰镇	379.77	2029.40	1853.75
	鄂尔多斯市乌审旗嘎鲁图镇	197.30	1374.11	1239.13
	呼和浩特市和林格尔县城关镇	46.91	540.93	944.26
	包头市固阳县金山镇	73.08	201.20	286.62
	乌兰察布市卓资县卓资山镇	45.72	127.67	592.85
	乌兰察布市凉城县岱海镇	67.38	9.62	752.05
	乌兰察布市察哈尔右翼中旗科布尔镇	67.06	158.37	1002.49
	乌兰察布市四子王旗乌兰花镇	113.02	108.03	570.03
	鄂尔多斯市伊金霍洛旗阿勒腾席热镇	140.29	39.79	2843.50
	中部地区均值	131.10	592.71	2381.72
西部地区	巴彦淖尔市五原县隆兴昌镇	99.43	42.71	1105.40
	巴彦淖尔市磴口县巴彦高勒镇	151.19	644.21	2026.08
	巴彦淖尔市乌拉特前旗乌拉山镇	130.20	829.81	677.56
	巴彦淖尔市乌拉特中旗海流图镇	290.98	223.03	861.66
	巴彦淖尔市乌拉特后旗巴音宝力格镇	294.11	80.68	839.90
	巴彦淖尔市杭锦后旗陕坝镇	55.02	709.53	1059.27
	阿拉善盟阿拉善右旗巴丹吉林镇	910.81	1346.92	15433.02
	阿拉善盟阿拉善左旗巴彦浩特镇	273.11	1959.97	27574.45
	阿拉善盟额济纳旗达来呼布镇	1173.87	2156.40	29681.10
	西部地区均值	162.07	630.16	3196.13

数据来源：根据 2013—2015 年《内蒙古统计年鉴》整理。

5.2.6 按经济发展类型分析内蒙古小城镇部分基础设施存量情况

内蒙古自治区资源储量丰富，有“东林西矿、南农北牧”之称，是我国最大的草原牧区分布区。根据我国的能源储备地理分布，内蒙古自治区拥有煤炭、天然气、稀土等多种资源，资源储量居全国之首的有 17 种，同时，内蒙古以农牧业为主，近年来由于国家及自治区政策的扶持，旅游业开始大力发展，内蒙古自治区各地区呈多元化发展，因此，内蒙古小城镇基础设施建设完善与否与当地的经济发展类型有着密切的关系。整理数据如表 5-13 所示，旅游型小城镇 2012—2014 年基础设施建设较为完善，其中人均公路里程数达 164.43 千米/万人，本地电话数每万人 3244.06 个；资源型小城镇每万人邮电业务数为 651.76 个，这说明近 3 年内蒙古自治区小城镇在资源型和旅游型方面发展良好，基础设施建设发展良好。

表 5-13 内蒙古小城镇部分基础设施存量经济发展类型对比分析（2012—2014 年均值）

类型	小城镇	每万人公路里程数	每万人邮电业务数	每万人本地电话用户数
农业型	呼伦贝尔市阿荣旗那吉镇	74.62	497.87	8144.19
	呼伦贝尔市莫力达瓦达斡尔族自治旗尼尔基镇	59.98	421.76	680.26
	兴安盟科尔沁右翼前旗科尔沁镇	84.28	407.20	378.23
	兴安盟扎赉特旗音德尔镇	57.33	542.06	393.18
	兴安盟突泉县突泉镇	56.44	482.41	521.50
	通辽市科尔沁左翼中旗保康镇	59.70	429.61	7574.75
	通辽市科尔沁左翼后旗甘旗卡镇	90.60	523.89	786.74
	通辽市库伦旗库伦镇	93.14	544.24	9049.97
	通辽市奈曼旗大沁他拉镇	71.26	262.09	8786.53
	通辽市扎鲁特旗鲁北镇	80.15	517.49	8842.37
	赤峰市巴林左旗林东镇	49.53	439.09	795.84
	赤峰市巴林右旗大板镇	122.35	614.64	772.39
	赤峰市林西县林西镇	60.93	491.20	675.53
	赤峰市敖汉旗新惠镇	43.76	398.57	2298.20
	呼和浩特市土默特左旗察素齐镇	36.55	447.02	673.02
	呼和浩特市清水河县城关镇	65.24	490.72	481.94
	呼和浩特市武川县可可以力更镇	59.35	288.21	958.42
	包头市土默特右旗萨拉齐镇	76.05	385.66	539.86
	锡林郭勒盟太仆寺旗宝昌镇	65.23	320.29	2238.25
	锡林郭勒盟多伦县多伦淖尔镇	83.85	599.08	2706.02
	乌兰察布市化德县长顺镇	76.51	184.18	963.85
	乌兰察布市商都县商都镇	46.98	85.74	952.23

续表

类型	小城镇	每万人公路里程数	每万人邮电业务数	每万人本地电话用户数
农业型	乌兰察布市兴和县城关镇	44.28	45.71	488.45
	乌兰察布市察哈尔右翼前旗土贵乌拉镇	45.54	107.47	490.69
	乌兰察布市察哈尔右翼后旗白音察干镇	68.93	119.82	349.09
	巴彦淖尔市五原县隆兴昌镇	99.43	42.71	1105.40
	巴彦淖尔市磴口县巴彦高勒镇	151.19	644.21	2026.08
	赤峰市翁牛特旗乌丹镇	74.06	391.62	445.58
	农业型均值	76.92	375.70	2233.03
牧业型	包头市达尔罕茂明安联合旗百灵庙镇	233.31	170.70	639.36
	呼伦贝尔市新巴尔虎右旗阿拉坦额莫勒镇	304.54	1476.42	1784.78
	呼伦贝尔市新巴尔虎左旗阿木古郎镇	440.69	70.59	1371.07
	呼伦贝尔市陈巴尔虎旗巴彦库仁镇	230.23	1236.72	12559.47
	兴安盟科尔沁右翼中旗白音胡硕镇	78.07	611.38	626.66
	锡林郭勒盟阿巴嘎旗别力古台镇	400.23	918.88	4396.85
	锡林郭勒盟苏尼特左旗满都拉图镇	667.36	1096.90	5409.99
	锡林郭勒盟苏尼特右旗赛汉塔拉镇	288.91	1108.79	3821.00
	锡林郭勒盟镶黄旗新宝拉格镇	281.06	1099.84	520.12
	锡林郭勒盟正镶白旗明安图镇	125.69	608.35	3047.96
	鄂尔多斯市鄂托克前旗敖勒召其镇	258.24	975.10	963.25
	巴彦淖尔市乌拉特前旗乌拉山镇	130.20	829.81	677.56
	巴彦淖尔市乌拉特中旗海流图镇	290.98	223.03	861.66
	巴彦淖尔市乌拉特后旗巴音宝力格镇	294.11	80.68	839.90
	巴彦淖尔市杭锦后旗陕坝镇	55.02	709.53	1059.27
	阿拉善盟阿拉善右旗巴丹吉林镇	910.81	1346.92	15433.02
	鄂尔多斯市杭锦旗锡尼镇	213.90	973.72	927.04
	牧业型均值	158.21	535.60	2636.75
工商业型	通辽市开鲁县开鲁镇	51.00	661.69	10210.20
	呼和浩特市和林格尔县城关镇	46.91	540.93	944.26
	包头市固阳县金山镇	73.08	201.20	286.62
	乌兰察布市卓资县卓资山镇	45.72	127.67	592.85
	阿拉善盟阿拉善左旗巴彦浩特镇	273.11	1959.97	27574.45

续表

类型	小城镇	每万人公路里程数	每万人邮电业务数	每万人本地电话用户数
	工业商业型均值	152.41	551.24	3144.92
资源型	呼和浩特市托克托县双河镇	46.01	421.89	593.77
	锡林郭勒盟东乌珠穆沁旗乌里雅斯太镇	382.40	1091.65	3728.40
	锡林郭勒盟西乌珠穆沁旗巴拉嘎尔高勒镇	226.91	1028.54	615.17
	锡林郭勒盟正蓝旗上都镇	189.74	897.65	4606.95
	鄂尔多斯市达拉特旗树林召镇	67.07	887.74	667.10
	鄂尔多斯市准格尔旗薛家湾镇	88.91	3517.33	1916.08
	鄂尔多斯市鄂托克旗乌兰镇	379.77	2029.40	1853.75
	呼伦贝尔市鄂伦春自治旗阿里河镇	102.83	506.89	7545.38
	呼伦贝尔鄂温克自治旗巴彦托海镇	77.40	89.97	1704.75
	鄂尔多斯市乌审旗嘎鲁图镇	197.30	1374.11	1239.13
	资源型均值	156.13	651.76	3034.14
旅游型	乌兰察布市凉城县岱海镇	67.38	9.62	752.05
	乌兰察布市察哈尔右翼中旗科布尔镇	67.06	158.37	1002.49
	乌兰察布市四子王旗乌兰花镇	113.02	108.03	570.03
	鄂尔多斯市伊金霍洛旗阿勒腾席热镇	140.29	39.79	2843.50
	赤峰市克什克腾旗经棚镇	82.98	170.08	580.31
	赤峰市喀喇沁旗锦山镇	37.21	456.47	713.37
	阿拉善盟额济纳旗达来呼布镇	1173.87	2156.40	29681.10
	旅游型均值	164.43	631.15	3244.06

数据来源：根据 2013—2015 年《内蒙古统计年鉴》整理。

5.3 内蒙古小城镇基础设施建设投融资管理体制现状

内蒙古自治区经过 70 年的发展，新型城镇化建设取得了显著成效，小城镇基础设施建设取得了重大进展，道路交通、供水、供电、燃气、园林绿化、污水和垃圾处理等基础设施大大改善，但是在投融资管理体制中存在的问题和困难不容忽视。现阶段，内蒙古小城镇基础设施投融资管理实行的是高度集中的政府投融资管理体制，是以政府为主的自上而下的决策机制，而民众参与的自下而上的需求表达机制并不顺畅。内蒙古小城镇基础设施建设投资几乎全部由镇政府、县政府独揽，投融资主体单一，资金主要来源于财政预算拨款，自治区、盟市、县政府拥有投资决策权和项目审批权，权力高度集中，投资运行依靠行政系统和行政手段。正是这种带有“计划”色彩的小城镇基础设施投融资管理体制，阻碍了资金要素向小城镇集聚。

随着国家经济社会的发展和宏观政策的推进，通过政府财政资金、银行贷款和土地出让金等方式筹集基础设施建设资金的传统投融资方式已经不可持续。政府掌握的财力减少和对小城镇基础设施建设需求的不断增长，这种基础设施投融资管理体制已经不能满足小城镇的建设和发展。因此，在掌握内蒙古小城镇基础设施建设投融资管理体制存在的问题的基础上，应探索新型城镇化背景下内蒙古小城镇基础设施投融资管理体制的创新及社会资本通过 PPP 模式参与小城镇基础设施建设的有效路径。

5.3.1 内蒙古小城镇分行业基础设施建设投融资管理体制

5.3.1.1 内蒙古小城镇公路基础设施投融资管理体制

随着“十个全覆盖”和环境整治工作的深入推进，为积极加强小城镇建设，打造具有浓郁地方特色和对外吸引力的小城镇，应坚持小城镇交通运输绿色发展，减少交通建设和运输生产对生态环境造成的负面影响，积极推进“交通生态旅游”等扶贫项目，为内蒙古农牧区小城镇的发展打好坚实基础。同时，在内蒙古小城镇基础设施建设中，园林绿化行政主管部门的参与审批非常重要，从基础设施项目规划、建设到管理项目，实行“绿色图章”审批制度。

（1）管理部门。自治区政府交通厅组织盟市政府交通局建设和管理国道、省道；旗县级政府交通局建设和管理县道；苏木乡镇政府负责乡道、村道的建设和管理。政府各部门（发展改革、财政、城乡建设、国土资源、水利、环境保护等行政主管部门）按照各自职责，对各自区域内的公路进行管理。公路建设要纳入旗县级以上政府的国民经济和社会发展规划中，积极鼓励社会资本参与公路建设和经营。在小城镇公路建设上，旗县级以上政府在资金、物质等方面对少数民族聚居区、贫困地区、边境偏远地区给予支持。

（2）资金来源。小城镇公路建设资金可以采取多种渠道筹集，其中包括各级人民政府的财政拨款①、银行贷款、自筹资金、收费权转让、专用单位投资等方式。对于小城镇周边的国家级高速公路及自治区高速公路网的公路建设资金，国家给予了大量的投资和补贴，其余资金由自治区交通厅负责筹集。盟市人民政府负责一般国、省干线公路和重要县级公路建设中除了国家和自治区投资资金以外的资金筹集。对于一般县道、乡道、村道公路建设的资金，除了国家和自治区的投资补贴，其余资金由旗县级人民政府负责筹集。同时，对于小城镇周边国家和自治区高速公路网规划之外的一级以上公路，内蒙古自治区鼓励国内外经济组织投资建设。并且内蒙古自治区规定每年从本级财政收入中按照一定的比例提取资金用于小城镇公路建设，并且随着盟市、旗县地方财政收入的增长，要增加农村牧区公路建设养护资金比例。旗县级以上政府交通局根据公路建设投资计划和年度预算将公路建设资金统筹平衡安排，专款专用。

5.3.1.2 内蒙古小城镇供水设施投融资管理体制

旗县政府根据发展需要，组织建设、规划、发展改革、供水、地矿等行政主管部门联席共同编制供水规划，并将其纳入城镇总体规划中组织实施。小城镇供水设施的建设主要由城乡建设主管部门负责建设和管理。旗县环境保护行政主管部门应当会同其他建设、地矿、供水等部门划定供水设施生态保护区，然后进行基础设施的建设。小城镇供水设施建设的资金可以多渠道筹集，也可以采取政府投资或者企业自筹资金，通过发行债券、供水用户出资、银行贷款、利用国外投资等多种筹集渠道。

---

① 包括从依法征税筹集的公路建设专项资金转化而来的财政拨款。

5.3.1.3 内蒙古小城镇燃气设施投融资管理体制

小城镇城乡规划部门和建设行政管理部门要根据城乡的总体规划，首先编制小城镇燃气专项规划，经过镇政府批准后，并报旗县级人民政府规划、建设行政管理部门备案后组织实施。根据燃气发展规划的要求，加大对燃气设施建设的投入，旗、县、市区人民政府通过引导社会资本参与燃气基础设施的建设，拓宽燃气设施的融资渠道。在组织编制本城镇规划区内的燃气专项规划时，应与本行政区域的《土地利用总体规划》相衔接，避免列入燃气规划的燃气设施建设用地因不符合《土地利用总体规划》无法报批，影响项目的正常建设。

5.3.1.4 内蒙古小城镇绿化设施投融资管理体制

小城镇绿化设施建设是旗县级政府国民经济和社会发展计划中的一项重要内容。小城镇绿化设施的建设主要由绿化主管部门负责建设和管理。发展与改革、财政、林业、国土资源、水利、交通运输等部门在各自职责范围内共同参与小城镇绿化设施建设。小城镇绿化建设资金列入旗县本级财政预算。小城镇绿化设施建设履行城镇绿化目标责任制，政府领导负总责，各部门从管理机构、资金投入和融资激励等方面应明确责任，给予支持。城镇园林绿化行政主管部门主要负责与政府城乡规划部门协商编制小城镇绿地建设系统规划，旗县政府是小城镇园林绿化建设投融资管理的责任主体，一方面向上争取财政资金的投资力度；另一方面通过以奖代投、补助、贴息等财政扶持方式，营造融资环境，为引入市场机制提供保障，拓宽绿化设施融资渠道，积极吸引民间资金参与城镇园林绿化建设和养护管理。

综合以上各行业基础设施建设投融资管理体制发现，内蒙古小城镇基础设施建设投融资以政府部门为主，其他各相关部门协调管理，市场化、民营化是小城镇基础设施建设投融资的发展方向。下面将分别从基础设施建设的投融资主体、融资方式、融资来源等方面进一步分析内蒙古小城镇基础设施建设投融资管理体制问题。

5.3.2 内蒙古小城镇基础设施建设投资主体

现阶段，内蒙古小城镇基础设施建设投资主体大部分仍然以政府为主体，尤其是经济发展落后的东部区小城镇，投资主体单一。小城镇基础设施通过自治区、盟市、旗县三级政府集中投资，由政府或者政府出资组建的公司包揽了小城镇基础设施建设的全部项目，建成后再由政府职能部门进行管理，投资范围涉及道路、供排水、供电、燃气等方面。近年来，中西部地区经济发展较快的小城镇开始探索投融资主体多元化，形成了“政府投资、社会筹资、企业融资、利用外资”的投融资体制。尤其是2014年内蒙古自治区财政厅成立了政府与社会资本合作中心，政府与社会资本合作（PPP）方式开始陆续在内蒙古小城镇基础设施建设中推广。

5.3.3 内蒙古小城镇基础设施建设融资方式

从融资方式上看，BOT、ROT、BT等方式在内蒙古开始运用，融资方式呈多样化。2015年6月发展改革委、住建部下发了《关于印发深化县城基础设施投融资体制改革试点县名单的通知》，内蒙古三地成为国家首批基础设施投融资改革试点，即呼伦贝尔市扎兰屯市、赤峰市敖汉旗和鄂尔多斯市准格尔旗。试点旗县（市区）重点推动采取PPP模式建设市政基础设施项目和供排水、燃气、供热地下管网、地下综合管廊、保障性安居工程配套基础设施等项目。新巴尔虎左旗依托额布都格口岸独特的区位优势，牢牢把握政策机遇，加快对蒙开放步伐，在全区率先启动首个“PPP”口岸建设项目，通过地企合作的模式，完善口岸基础设施，做大做强口岸经济。通过PPP这种新型的项目融资模式参与公共基础设施的建设，引导私营企业、民营资本与政府进行合作，获得了自治区口岸办、企业、金融机构的大力支持。额布都格口岸进口粮食饲草查验储运加工基地PPP项目的合作企业是内蒙古蒙草生态环境（集团）股份有限公司，该企业在额布都格口岸投资2亿元代建高标准熏蒸库等基础设施项目，提供进口饲草所需的硬件环境。

5.3.4 内蒙古小城镇基础设施建设融资渠道

小城镇基础设施建设融资渠道主要包括国家财政资金、银行贷款、国债、自筹资金、民间资本以及利用外资等。但是从内蒙古小城镇的现实情况看，融资渠道主要是财政资金和自筹资金。近年来，在小城镇基础设施建设上，内蒙古自治区加大了开发性金额的支持力度。国家开发银行不仅在资金上大力支持，而且还开始积极参与小城镇建设规划的制订。2002 年以后随着国家对加快市政公用行业市场化进程的推动以及投资体制改革，在对小城镇基础设施建设的鼓励支持和引导个体私营等非公有制经济发展的要求下，内蒙古自治区对于民间资本投资小城镇基础设施也进行了大力的推动。首先，对民间资本投资准入门槛进行了规范设置。不附加准入条件，为民间资本创造了公平竞争、平等准入、公开透明的市场环境，同等对待各类投资主体，充实了内蒙古小城镇基础设施建设的资金来源。其次，政府定期召开项目洽谈会，为民间资本和政府合作搭建平台。内蒙古自治区政府为了推进小城镇基础设施建设，增强小城镇基础设施综合承载能力，通过对接洽谈会形式推介项目，促进社会资本参与小城镇的基础设施建设，拓宽了小城镇基础设施建设投融资渠道，完善了小城镇基础设施投融资管理体制。外资也是小城镇基础设施建设的重要补充资金，但是由于政府职能转换不及时，吸引外来投资者的政策待遇和相应措施的可操作性不强，对小城镇基础设施投资中的外资利用得不够充分，甚至是制约了外部资金的进入，严重阻碍了小城镇基础设施建设的发展。

5.4 内蒙古小城镇基础设施建设投融资管理体制存在的问题

资金不足是内蒙古小城镇基础设施建设面临的最大难题。虽然从全国来看，小城镇基础设施建设投融资管理体制发生了巨大的变革：投资主体从单一政府投资主体开始转向多元化；投资决策从高度集中开始向分权转变；融资渠道从单一的财政资金开始多样化发展；融资方式从传统的政府融资逐步向市场化融资转变，但是总体上内蒙古小城镇基础设施建设中政府部门的投资仍然是最重要的，参与投资的各类企业、个人仍然很少，内蒙古大多数小城镇基础设施建设依然是单一的投资渠道，在吸引社会资本方面，受扶持政策少、资源稀缺、项目边界条件较差、项目预期收益不明朗、政府财政力量薄弱等因素影响，很难调动社会资本投入到内蒙古小城镇基础设施建设中来，导致基础设施投融资管理体制不畅，制约了内蒙古小城镇基础设施的建设发展。

近年来，内蒙古自治区在小城镇基础设施投融资管理体制改革方面取得了很大进展，但仍然存在很多问题，小城镇基础设施建设投融资管理体制存在的问题突出表现为以下几个方面。

5.4.1 投融资主体的责、权、利不统一，投融资效率较低

长期以来，小城镇政府缺乏统一、规范的投融资管理体制。从投融资主体来看，各级政府之间、同一层级政府之间、同一层级政府各个部门之间，缺乏整体性、系统性和规范性，职责不明确，临时性的投融资机构众多。大多数小城镇没有成文的法律、法规，也没有针对投融资管理出台过相关政策规定。投融资管理体制滞后于投融资需求。

内蒙古小城镇镇政府职能弱化，没有财权，镇政府对基础设施的建设和规划基本没有独立的财权等决策权。在锡林郭勒盟和通辽市的12个小城镇调查中发现，镇政府对交通、土地管理、城建、供电等部门没有管辖权，权力集中在旗（县）政府，旗县级以上政府建设行政主管部门负责行政区域内小城镇的规划建设管理工作，镇政府只是负责执行旗（县）政府的决策。但是内蒙古比较特殊的苏木乡镇（牧区）人民政府对于本辖区内的小城镇是有规划建设和管理权的，并设有专门的管理机构，这就造成了各个小城镇在基础设施规划、建设和管理上责、权不统一。另外，在政府投资管理中存在不到位、宏观管理体制不健全等问题。管理职能分散，政府对市政公用基础设施的投资管理分属发改委、建设、财政以及审计等多

个部门，政出多门，影响了管理政策的实施。如在小城镇供、排水管理体制上，各行其是，有的归城建部门管理，有的归水务部门管理；有的进水归水务部门管，排水归环保部门管；有的水源地归地区水利部门管，水入城后归当地城建部门管。由于投资渠道不同，在基础设施建设上，条块分割，该建难建、该补贴无人补、该修不能修。各职能部门信息沟通不够，共同执法难度很大，造成综合管理力度不强，建设与管理严重脱节。

内蒙古各个小城镇基础设施投融资效率受地区经济发展水平、政府招商引资力度和人口密度等环境因素的影响，小城镇基础设施投融资效率较低。小城镇基础设施建设投资严重不足和重复建设并存。内蒙古地域大，小城镇分布不均衡，有的小城镇分布比较密集，有的小城镇呈带状分布，有的小城镇之间距离特别远，尚未建立起区域性协调的基础设施建设体系。行政区划和管理体制的影响，使连片小城镇各自为政，造成基础设施的重复建设，导致资源浪费，小城镇基础设施投融资效率较低。

5.4.2 投资决策集中、管理分散，缺乏完善的监督和约束机制

首先，在内蒙古小城镇基础设施建设中，政府部门的投资依然非常重要，投资决策高度集中。但是政府在投资决策过程中，对于基础设施建设全周期缺乏事前、事中和事后的论证和评估，投资决策缺乏完善的监督和约束机制，在对项目的建设管理过程中，建设项目事前缺少科学论证，建设项目事中缺乏有效监督，项目事后缺乏绩效评价。

其次，在内蒙古小城镇基础设施中，政府投融资决策体系设置混乱，各投融资管理部门职能重叠，不能很好地统筹资金筹集、使用及管理，管理处于分散状态。例如，来自城市维护费、土地出让金等用于小城镇基础设施建设的资金，归属不同部门进行使用管理，缺乏严格的资金管理规范，使资金不能发挥积聚放大效应。

最后，小城镇各部门信息不对称，容易出现政出多门的现象。在财政投融资中，既涉及各级政府、政府内的多个部门，又涉及银行等金融机构，各部门信息缺乏沟通，导致同一个项目经过包装在不同渠道、不同银

行进行贷款或发行债券的情况，缺乏统一的投融资监管平台和信息管理及共享机制，导致各级政府财政部门无法准确、及时地掌握融资总量，容易引发金融风险。

5.4.3 政府投资范围界定不清，“越位”与“缺位”并存

（1）在内蒙古小城镇基础设施建设投资领域，对政府与市场的合理主导范围还没有明确界定，纯公益性项目、经营性项目和非经营性项目没有做到明确的划分，政府对于竞争性领域项目的投资偏多，干预过强。一些政府组建的投资公司在利益的驱使下把本该由企业投资的经营性项目转为政府投资，使有限的财政资金投入到了民间投资领域，导致财政资金使用效率低下，限制了民间资本参与基础设施建设的渠道，政府“越位”现象凸显。另外，符合市场经济要求的“谁投资，谁决策，谁受益，谁承担风险”的责任约束机制并未建立起来，使得企业难以充当市场经济下的投资主体。

（2）政府“越位”与“缺位”并存，小城镇政府对基础设施建设投入明显不足。小城镇政府受财政体制和经济发展水平的限制，财政功能不健全，镇级财政不能发挥应有的作用，财政资金投入非常有限。同时，各项财政建设资金投资结构不合理，投资非常分散。内蒙古自治区为了加强小城镇基础设施建设，通过建设示范镇和村村通工程等从多种渠道为小城镇建设筹集资金，但是资金过于分散不能形成合力，专项资金存在截留、挪用的风险。资金覆盖范围小，不能普及全面，难以发挥专项资金的重点支持作用。

（3）小城镇基础设施建设融资主体没有真正确立，根据国家规定，小城镇不仅不能向银行融资也不能对贷款提供担保，因此，小城镇政府不能作为单独的融资主体。同时，小城镇企业虽然可以单独融资但是由于企业规模小、资信度差、经营效益不高，难以取得银行的信任，很难从银行获得融资或者高额的信贷资金，使小城镇在基础设施建设中获得的银行贷款额度较少，不能满足小城镇基础设施建设的需求。

(4)“形象工程”削弱了基础设施建设投资效率

近年来，小城镇建设中也出现了“形象工程”“政绩工程”问题。一些小城镇没有从发展的长远角度考虑问题，没有结合自身的发展水平及对人民生活的影响考虑，对小城镇可持续发展的基础设施建设重视不够，没有将有限的资金投入到急需的基础设施建设上。不考虑自身的发展水平，大搞“形象工程”，浪费大量资源、财力修建草坪、广场，导致急需基础设施建设投资不足。

5.4.4 投融资渠道逐渐扩展，尚未真正实现多元化

受我国投融资管理体制“集权化”历史的影响，内蒙古小城镇融资渠道主要以财政性资金和自筹资金为主，不仅加大了财政负担而且限制了融资渠道、增加融资成本，投资风险也相应增加。内蒙古小城镇基础设施投资资金来源主要包括中央财政拨款、地方财政拨款、国内贷款、利用外资、自筹资金和其他资金，其中小城镇由于经济、社会及地理条件的影响，利用外资资金较少，仅2007—2010年有利用外资，并且利用外资金额逐年减少，到2010年仅有898万元，仅占当年资金来源的0.07%，其他年份没有外资资金来源。由于银行等金融机构信贷倾向于城市及国有企业，对于小城镇基础设施中长期信贷几乎不支持。小城镇基础设施投资来源中自筹资金和地方财政拨款所占比重最大，2010—2012年地方财政拨款占本年资金来源的比重分别为26.94%、35.94%和31.86%；自筹资金占本年资金来源比重为55.61%、58.36%和63.25%，并且还在逐年上升，尤其是2014年自筹资金占本年资金来源总量的88.1%，而中央财政拨款仅为1.73%，地方财政拨款为5.68%，国内贷款仅为0.01%。从2013年内蒙古小城镇基础设施财政资金收入来源情况看，镇本级财政资金所占比重最大，达64.01%，其次是市（县）财政资金，为17.50%，而中央和省级财政资金较少，仅为10.09%和8.41%。镇本级政府承担了小城镇基础设施建设资金的主要部分，这就给镇政府带来了沉重的财政负担，特别是对于经济相对落后、地方财政资金不足的地区，导致了建设资金不足，制约了

内蒙古小城镇基础设施的建设和发展。从以上分析可以看出，小城镇基础设施建设资金主要来源为自筹资金和地方财政资金，利用外资比较少，还没有真正实现投融资渠道多样化。

5.4.5 融资方式单一，政府与社会资本合作（PPP）的良好局面尚未形成

当前，内蒙古大多数小城镇的基础设施建设还是以传统的政府融资为主，通过 PPP 模式进行融资在小城镇还没有被广泛应用，社会资本进入小城镇基础设施建设领域进展缓慢，大部分乡镇一级政府没有建立 PPP 运作机制，少数经济发展水平较高的乡镇的 PPP 模式运作机制也不是很健全。PPP 模式涉及担保、税收、合同、特许权等诸多方面，需要非常规范化、标准化的交易流程，但目前大部分乡镇在 PPP 模式交易流程上，规范化程度不高，运作很难标准化。另外，在 PPP 模式投资主体上存在管理职责分散的问题。一方面，现阶段参与县小城镇基础设施建设的 PPP 模式投资主体素质较低、经济实力很弱，很多投资主体资质不健全，没有很好的诚信度，甚至采取不正当手段参与到基础设施建设的投融资中。另一方面，在小城镇基础设施建设的 PPP 模式应用中，上市公司投资主体参与较少。总之，内蒙古小城镇在推进政府与社会资本合作（PPP）时管理不当、推广不足，导致投融资难度增加，限制了财政投融资在小城镇基础设施建设中的作用。

5.4.6 投融资管理体制缺乏规范和协调，致使地方政府性债务沉重

长期以来，财政投融资和债务问题没有得到政府的高度重视，缺乏统一的财政投融资和债务管理机构，投融资管理权限分散于政府各个部门，由于各部门的管理权限不同，管理侧重点有所差异，规范管理的效果很差。同时，由于财政投融资、债务信息披露和监督机制不完善，缺乏对于

债务性财政投融资有关的评估机制，致使镇级债务性财政投融资规模不断增长。截至 2013 年 6 月末，内蒙古自治区 102 个旗县本级债务总额达 2287.5 亿元，占 50.3%；768 个乡镇债务总额达 80.63 亿元，占 1.8%。之前，内蒙古自治区平台债务投融资游离在预算之外，只需象征性地经过发改委的审批程序，就可以自由支配其资金的使用，这也是导致财政投融资体制混乱、投融资效率低下的重要原因。值得关注的是，在小城镇基础设施建设投融资管理体制中，资金管理、项目管理和投融资决策权分散，财政部门承担资金拨付和偿债责任，但是对投资项目没有管理权。而发改委有权决定每年的政府投资项目和融资方式，但是对政府可以使用的资源情况并不清楚，部门之间缺乏规范和协调，造成了举债的盲目和违规。2013 年审计发现，部分地区和单位有违规融资、违规使用债务性融资资金等情况。一些政府和单位通过 BT、向非金融机构和个人借款等方式违规举借政府性债务 27.54 亿元，如包头市东河区城市建设基础设施投资开发有限公司违规举借的政府负有偿还责任的债务达 1.60 亿元①。内蒙古自治区部分地方政府财政投融资呈现出一定的盲目性，也凸显出政府财政投融资资金使用效率低下。

5.4.7 投融资管理体制不完善，风险管理薄弱

内蒙古小城镇缺乏有效的、规范化的投融资管理体制，政府部门的投资管理方式直接、具体，没有形成一套有效的间接调控基础设施投融资的手段和方法。缺乏社会公众的监督，基础设施融资计划规划、投资分析以及基础设施项目的建设验收，都由政府部门主导，缺乏公众参与的体制和阳光的项目报告制度。基础设施投融资结构的透明度较差，造成了沉重的地方政府债务以及大量的中长期银行贷款，同时缺乏相关机构的监管，给政府及贷款银行带来了很大的财政金融风险，缺乏完整的投资补偿机制，投资与还贷相脱节。

---

① 侯岩．“十三五”时期内蒙古财税体制改革研究［M］．北京：中国财政经济出版社，2015.

6 内蒙古小城镇基础设施建设投融资效率的实证研究

目前国内在评估基础设施投融资效率方面主要有两种研究思路：一种研究思路主要是向各效率测算单元开展与效率评价有关的问卷调查，建立效率评价体系，从而完成各单元的资料获取和数据收集，这种研究思路是绩效评估和效率测算的理论最优路径，采用的方法主要有层次分析法（AHP）和典型相关法等，这种研究思路在实际工作过程中会受到一定条件的限制：一是指标体系中的某些关键指标难以量化，指标体系一般分为定性和定量两种指标进行问卷调查，定性指标难以或者无法量化，只能通过一定方式的转化从侧面进行指标衡量，此外，还有一些定性指标是根据探访人自身的主观感受而设定的，如满意度的调查，主观感受型指标不仅会受到探访人所处的即时环境，文化素质、性格职业等自身内部因素的影响，而且会受到当地的风俗习惯等外部环境因素的影响，从而干扰到指标测算的准确性。二是研究受权重测度方法的局限，在实际工作中，指标绩效评价体系的权重一般是采用层次分析法（AHP），通过组织专家学者或者相关主体打分测评，然后根据判断矩阵计算相应的一级指标和二级指标的权重值，测算方法中都或多或少渗透了主观因素，即使采用模糊数学等方法来规避主观指标的度量偏差，但又会产生新的问题，即关联因素之间的相关性无法把握。第二种研究思路多采用 DEA 方法，这种研究思路类似于从供给端测算投入产出的数量关系，DEA 模型中不考虑影响决策单元（DMU）的一些重要因素，如经济发展水平等外部环境因素，涵盖了外部冲击等随机因素，这些因素实际上反映了决策单元的“不公平性”。近年来，有学者采用 DEA-Tobit 的方法处理样本中的截尾数据，通过在 DEA 模型中嵌入 Tobit 模型来测算影响效率评价的外部环境因素，但并未测算外部冲击等随机扰动因素的影响，同时，Tobit 模型也无法排除环境因素，本书采用三阶段 DEA 和超效率 DEA 相结合的方法，可以排除内蒙古各小城镇外部环境因素和随机扰动因素的影响，让内蒙古各小城镇“站在同一起跑线”，更能客观、准确、全面地评价内蒙古各地区小城镇基础设施的投融资效率。

6.1 研究模型介绍

6.1.1 三阶段 DEA 方法

三阶段 DEA 方法①是对 DEA 模型进行了优化，在 DEA 模型的基础上加入了类似随机前沿分析模型（SFA），将第一阶段运用 DEA 模型计算得出的投入冗余与一揽子环境变量进行回归，测算出绩效影响因素的参数，影响第一阶段绩效的因素可以分为三部分：一是外部冲击等随机扰动因素；二是管理方面的无效率；三是宏观经济等环境因素。利用类似随机前沿分析模型（SFA）将三部分因素从第一阶段的投入冗余中剔除，用调整后的投入冗余在第三阶段评估决策单元的绩效水平。

第一阶段用 DEA 模型得出各 DMU 的初始绩效水平。

DEA 模型通过线性规划测量各 DMU 的生产者绩效，广泛应用于各个领域，具有可评价多投入、多产出的生产绩效和不受主观因素影响等优点。

---

① Fried, H. O., Lovell, C. A. K., Schmidt, S. S., et al. Accounting for Environmental Effects and Statistical Noise in Data Envelopment analysis [J]. *Journal of productivity Analysis*, 2002, 17 (1-2): 157-174.

$$
\begin{cases}
\min\left[\theta-\varepsilon\left(\sum_{i=1}^{m}s_i^-+\sum_{r=1}^{n}s_r^+\right)\right]\\
\sum_{j=1}^{I}\lambda_j x_{ij}+s_i^-=\theta x_{ik}\\
\sum_{j=1}^{I}\lambda_j y_{rj}-s_r^+=y_{rk}\\
\sum_{j=1}^{I}\lambda_j=1\\
s_i^-\geqslant 0,\ s_r^+\geqslant 0,\ \lambda_j\geqslant 0,\ \forall j
\end{cases}
$$

设方程①有最优解 λ^*，s_i^{*-}，s_r^{*+}，θ^*，则 $\theta^*=1$，$s_i^{*-}=0=s_r^{*+}$，决策单元有效；若 $\theta^*=1$，s_i^{*-} 或 s_r^{*+} 有非零解，则决策单元弱有效；若 $\theta^*<1$，或 $s_i^{*-}\neq 0$，$s_r^{*+}\neq 0$，则决策单元无效，也就是规模无效。

本节采用经典的 BCC 模型来测算内蒙古各小城镇基础设施的初始绩效。详细的测度方法不再赘述。

第二阶段利用类似随机前沿分析（SFA）模型测度影响因素。

在第二阶段，我们利用类似随机前沿分析（SFA）模型测度第一阶段初始绩效的影响因素，这些影响因素包括环境效应、单侧误差和对称误差等。我们将第一阶段初始绩效的影响因素（Fried 等，2002）统一归纳为外部冲击等随机扰动因素、管理无效率等因素、经济发展等环境因素。第二阶段的目的在于分析三种效应并排除环境效应和随机扰动的影响，而 Tobit 模型在这方面的应用受限于误差项的非对称性。

我们在第一阶段采用的是经典的 BCC 模型，模型基于投入导向，我们将总的投入松弛量计算为径向和非径向松弛量相加②：

$$S_{ij}=x_{ij}-\lambda X_i \qquad i=1,\ \cdots,\ M,\ j=1,\ \cdots,\ I$$

---

① 其中 X_{ij} 为某个决策单元 j（DMU_j）的第 i 个投入量，$X_{ij}\geqslant 0$；y_{rj} 为 DMU_j 相应的 $N\times 1$ 产出向量，$y_i\geqslant 0$，θ 是目标规划值，ε 为非阿基米德无穷小，λ_j 是规划决策变量，s_i^-，s_r^+ 为松弛变量向量。

② 第一阶段产生的全部松弛量包含径向和非径向松弛量，径向松弛量计算：$(1-\theta)x_{ij}$，非径向松弛量计算：$\theta x_{ij}-\lambda X_i$。

选择利用类似随机前沿分析（SFA）模型进行回归分析，被解释变量是第一阶段初始绩效的总投入松弛量，解释变量包括 Fried 等（2002）提出的三大因素，充分考虑自由度和统计参数估计效率之间的平衡，我们得出如下方程：

$$S_{ij} = f^{i}(Z_j;\ \beta^{i}) + V_{ij} + \mu_{ij} \qquad i = 1,\ \cdots,\ M;\ j = 1,\ \cdots,\ I$$

可以看出，在类似随机前沿分析（SFA）回归模型中，$V_{ij} \sim N(0,\ \sigma_{vi}^{2})$ 表示随机扰动，$\mu_{ij} \geqslant 0$ 表示管理无效率，$\mu_{ij} \sim N^{+}(\theta^{i},\ \sigma_{\mu i}^{2})$，$f^{i}(Z_j;\ \beta^{i})$ 是确定性松弛前沿（DFSF），反映了环境因素的影响。

我们引入类似随机前沿分析（SFA）回归模型，要剔除影响内蒙古各小城镇基础设施投融资效率的环境效应因素和外部冲击等随机扰动等方面的影响，将内蒙古各小城镇排列到“同一起跑线”上。我们有两种可选方案，一种是“上行”方法，另一种是“下调”方法①。综合考虑各方面的因素以及“下调”方法中的调整负值②，我们采用“上行”方法。

$$X_{ij}^{A} = x_{ij} + [\max_{j}\{Z_j\widehat{\beta^{i}}\} - Z_j\widehat{\beta^{i}}] + [\max_{j}\{\widehat{V_{ij}}\} - \widehat{V_{ij}}]$$

其中，$i = 1,\ \cdots,\ M,\ j = 1,\ \cdots,\ I$

在获得调整后初始绩效的关键在于测算出 V_{ij} 估计值，Jondrow et al.（1982）在理论上采用如下方式分解随机扰动的残差组合项 $V_{ij} + \mu_{ij}$：

$$\widehat{E}(V_{ij} \mid V_{ij} + \mu_{ij}) = S_{ij} - Z_j\widehat{\beta^{i}} - \widehat{E}(\mu_{ij} \mid V_{ij} + \mu_{ij})$$
$$i=1,\ \cdots,\ M;\ j=1,\ \cdots,\ I$$

关于 $E(\mu_{ij} \mid V_{ij} + \mu_{ij})$ 的具体测算方法国内外研究并不一致，而且在 Fried 等（2002）经典文献中并没有列出具体的计算方式，测度仅限于 Jondrow et al.（1982）的理论方式，我们综合了国内外的研究③，通过下式计算 $E(\mu_{ij} \mid V_{ij} + \mu_{ij})$：

---

① “下调”方法是向下调整决策单元投入，使各 DMU 同处于相对不利环境和相对“差运气”；“上行”方法是向上调整决策单元投入。

② 向上调整各 DMU 的投入可以避免某些处于不利条件的决策单元调整后的投入为负值。

③ 本书借鉴了 Kumbhakar 和 Lovell（2000），李双杰、王林和范超（2007），罗登跃（2012）等的研究。

$$E(\mu_{ij} \mid V_{ij} + \mu_{ij}) = \frac{\sigma\tau}{1+\tau^2}\left[\frac{f\left(\frac{\varepsilon_j\tau}{\sigma}\right)}{F\left(\frac{\varepsilon_j\tau}{\sigma}\right)} + \frac{\varepsilon_j\tau}{\sigma}\right]$$

其中，$\tau = \frac{\sigma_u}{\sigma_v}$，$\varepsilon_j = V_{ij} + \mu_{ij}$，$\sigma^2 = \sigma_u^2 + \sigma_v^2$，$f(\cdot)$ 和 $F(\cdot)$ 分别表示标准正态分布的密度函数和分布函数。

第三阶段再次利用 DEA 模型测算各小城镇真实绩效。

我们再次利用 DEA 模型来测算内蒙古各小城镇基础设施投融资的绩效，第三阶段的投入量是经过二阶段调整后的 X_{ij}^A，最后的生产者绩效即是排除外部冲击等随机扰动因素、管理无效率等因素、经济发展等环境因素后真实的生产者绩效。

6.1.2 超效率 DEA 方法

Andersen，Perterson（1993）提出一种新的方法可以处理同处于生产前沿面的各决策单元之间的效率比较，我们在利用经典的 DEA 模型进行测算效率时，会出现同处于效率为 1 的相同绩效的决策单元，我们无法进一步对比它们相互之间的效率值。Andersen，Perterson（1993）的方法在评价某决策单元时，将其排除在决策单元的集合之外，我们通过图 6-1 直观地阐述超效率 DEA 模型的原理。

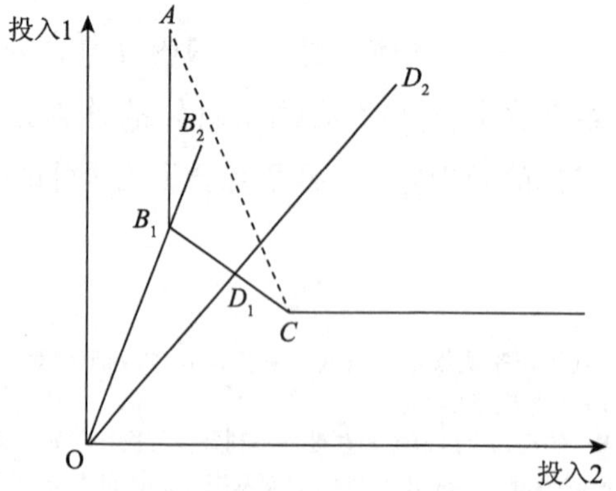

图 6-1 超效率 DEA 原理

在评估 B_1 点的效率时将其排除于决策单元的参考集之外，生产前沿面则由 AB_1C 变为 AC（虚线），B_1 效率值变为 $OB_2/OB_1>1$，D_2 点未处于生产前沿面，所以 *DEA* 测度的效率值不变，仍然为 $OD_1/OD_2<1$①。

6.2 指标选取及数据处理

6.2.1 投入产出指标体系的确定

我们将内蒙古小城镇基础设施建设整体上视为一个庞大的“生产系统”，为了全面、准确地评估内蒙古小城镇基础设施投融资效率，指标体系的选择非常关键。要注重可操作性与经济性相结合、全面性与重点性相结合、独立性与相关性相结合等一般性原则。另外，三阶段 DEA 的投入产出指标体系还有两个原则：①同向性假设，投入产出变量之间的相关系数在 1%的水平上统计显著正相关②；②评价指标集扩大，DMU 的有效性系数也会增大，为了提高有效性必须采取有效方法进行变量降维，一般来说，投入产出指标体系的指标数量（$m+n$）与决策单元数目 j 应保持如下关系：$j\geqslant 3$（$m+n$）③。

基于学界的研究成果，我们首先确定了预设的内蒙古小城镇基础设施投融资投入和产出指标，数据来源使用了 2013—2015 年的《内蒙古统计年鉴》《内蒙古经济社会调查年鉴》《呼和浩特市经济统计年鉴》等内蒙古各盟市统计年鉴，《中国城乡建设统计年鉴》《中国城市统计年鉴》《中国固定资产投资统计年鉴》《中国人口与就业统计年鉴》，以及内蒙古自治区财政厅、国家开发银行等网站数据。剔除缺失数据的决策单元，选取 2012—2014 年 69 个内蒙古自治区小城镇作为样本数据，对所有的样本数

① 这样超效率 DEA 模型通过转换处于前沿面的决策单元，使得对完美效率的决策单元展开进一步的测度成为可能。

② 本书以双侧检验 5%置信水平为标准。

③ 指标数量与决策单元数目之间的关系式 2（$m+n$）$\leqslant j\leqslant 3$（$m+n$）是由叶世绮（2004，2012）给出的，而 *Bessent*（1980）则认为 *DEA* 指标数量与决策单元数目之间应该是 $j\geqslant 3$（$m+n$），因此 DEA 决策单元与指标数量关系值得商榷。

据均以 2012 年为基期做了指数平减。

投入指标包括内蒙古各小城镇公共财政预算支出、内蒙古各小城镇固定资产投资支出，具体指标测度上，内蒙古各小城镇公共预算支出以各小城镇人均公共财政预算支出来衡量①；内蒙古各小城镇固定资产投资支出用各小城镇人均固定资产投资支出表示。

产出指标包括 4 个方面：具体测度指标为：①内蒙古小城镇能源动力方面，指标为小城镇人均用电量；②内蒙古小城镇供水系统方面，包括日供水能力、人均日生活用水量、供水普及率；③内蒙古小城镇通信设施方面，产出指标具体有每万人本地电话用户数、每万人邮电业务数；④内蒙古小城镇交通运输方面，选取每万人公路里程数、人均公路覆盖率作为产出指标。

初始的投入产出指标体系如表 6-1 所示：

表 6-1　初始投入产出指标体系

投入指标	各小城镇人均公共财政预算支出
	各小城镇人均固定资产投资支出
产出指标	各小城镇人均用电量
	日供水能力、人均日生活用水量、供水普及率
	每万人本地电话用户数、每万人邮电业务数
	每万人公路里程数、人均公路覆盖率

本书对于小城镇基础设施投融资的投入产出指标体系采用“两阶段筛选法”进行确定。第一步，我们通过 Spearman 相关系数检验对投入产出指标进行初步筛选；第二步，我们借鉴 Pastor（1999）提出的检测 DEA 有效变量的方法，进一步从诸多指标中选出最具代表性的指标变量②。通过两

① 笔者通过年鉴数据测算而得。

② 具体思路从第一步检验中选择相关性最强的投入指标与产出指标构建基础模型并计算效率，在基础模型上增加新指标重新计算各决策单元（DMU）效率，根据 Pastor（1999）提出的标准进行指标选择判定，若 $|\rho_i|>0.1$，则在指标体系中必须考虑新增指标对样本效率产生的影响，我们分别计算增加指标后 $|\rho_i|>0.1$ 的 DMU 比重 h，如果 h>15%，则判定该指标对效率的计算有影响，增加该指标；如果 h<15%，则认为新增指标对模型效率改变可以忽略。

阶段筛选法我们最终确定内蒙古小城镇基础设施投融资的投入产出指标体系，如表 6-2 所示。

表 6-2 内蒙古小城镇基础设施投融资的投入产出指标体系

投入指标	各小城镇人均公共财政预算支出
	各小城镇人均固定资产投资支出
产出指标	小城镇人均用电量
	供水普及率
	每万人本地电话用户数、每万人邮电业务数
	每万人公路里程数

内蒙古小城镇基础设施投融资投入产出指标体系 Spearman 检验结果如表 6-3 所示。

表 6-3 Spearman 检验结果

	公路里程数	邮电业务量	本地电话用户量	人均用电量	供水普及率
人均城镇固定资产投资	0.6818*** (0.0000)	0.4895*** (0.0000)	0.2663*** (0.0270)	0.4441*** (0.0001)	0.5841*** (0.0000)
人均公共财政预算支出	0.7960*** (0.0000)	0.4447*** (0.0001)	0.2501*** (0.0382)	0.2478*** (0.0401)	0.5718*** (0.0000)

注：***、**、*分别表示在 1%、5%、10%置信水平下显著，括号内数据为 P 值。

6.2.2 环境变量选取

本书借鉴 Lei Ding，Kingsley，E. Haynes（2006）、李忠富、李玉龙（2009）、王文利（2012）和程敏、李晋（2013）的研究结论，选取人口密度、人均 GDP 和科技发展水平 3 个环境变量。

（1）经济发展水平。经济发展水平高的地区通常对基础设施投融资的配置效率较高，本书以各小城镇人均 GDP 表示内蒙古小城镇的经济发展水平。

（2）人口密度。Lei Ding，Kingsley，E. Haynes（2006）和李忠富、李玉龙（2009）的研究认为人口密度与基础设施的需求呈正相关关系，人口密度越大，对于基础设施的种类、规模需求越大，城镇公共设施对本地区的辐射功能越强，外溢性会促进基础设施的投融资水平。基础设施受益外溢范围的广度使人口集中，节省了投融资成本，最终使人口密度增加对基础设施的投融资效率产生的积极效应大于消极效应。本书的人口密度选取小城镇人口密度作为衡量指标。

（3）招商引资力度。郑文娟（2014）、王文利（2012）、胡宗义、鲁耀纯、刘春霞（2014）和程敏、李晋（2013）的研究表明财政分权明显带有中国特色，通过横向竞争和纵向财政资金项目化，会对地方政府的行为产生激励效应，中国式财政分权影响地方政府基础设施建设投融资的结构效率。而通过基础设施的改善，地方政府可以进一步扩大招商引资的力度，在招商引资过程中“多了一副手牌”，改善招商引资的策略和方式；反过来，招商引资的压力可以激励地方政府去改善基础设施建设，从而改善基础设施的投融资效率。我国乡镇一级政府并没有直接的基础设施规划权，因此，我们采用各小城镇所在旗县的外商直接投资额（FDI）与本旗县人口的比值来反映地方政府基础设施投融资的努力程度。

6.3 计量实证分析

6.3.1 第一阶段传统 DEA

基于 BCC 的 DEA 模型综合涵盖了环境因素、管理无效率和随机扰动等三大类因素，但没有剔除和分析这些因素对小城镇基础设施投融资效率的影响。我们利用 Deap 2.1 软件对 2012—2014 年内蒙古自治区小城镇基础设施投融资效率进行初始评估，效率评估结果详见表 6-4。

表 6-4 第一阶段 69 个小城镇 DEA 初始效率值（2012—2014 年均值）

小城镇	TE	PTE	SE	RTS
呼和浩特市土默特左旗察素齐镇	0. 72	0. 765	0. 941	irs
呼和浩特市清水河县城关镇	0. 646	0. 674	0. 958	irs
呼和浩特市武川县可可以力更镇	0. 522	0. 666	0. 784	irs
包头市土默特右旗萨拉齐镇	0. 557	0. 59	0. 944	irs
呼伦贝尔市阿荣旗那吉镇	0. 857	0. 858	0. 999	irs
呼伦贝尔市莫力达瓦达斡尔族自治旗尼尔基镇	1	1	1	—
兴安盟科尔沁右翼前旗科尔沁镇	0. 693	0. 747	0. 927	irs
兴安盟扎赉特旗音德尔镇	1	1	1	—
兴安盟突泉县突泉镇	0. 759	0. 811	0. 937	irs
通辽市科尔沁左翼中旗保康镇	0. 993	1	0. 993	irs
通辽市科尔沁左翼后旗甘旗卡镇	1	1	1	—
通辽市库伦旗库伦镇	0. 932	1	0. 932	drs
通辽市奈曼旗大沁他拉镇	1	1	1	—
通辽市扎鲁特旗鲁北镇	0. 672	0. 672	1	—
赤峰市巴林左旗林东镇	0. 812	0. 845	0. 961	drs
赤峰市巴林右旗大板镇	0. 696	0. 71	0. 981	drs
赤峰市林西县林西镇	0. 703	0. 899	0. 782	drs
赤峰市翁牛特旗乌丹镇	0. 88	0. 942	0. 934	irs
赤峰市敖汉旗新惠镇	1	1	1	—
锡林郭勒盟太仆寺旗宝昌镇	0. 681	0. 919	0. 741	irs
锡林郭勒盟多伦县多伦淖尔镇	0. 606	0. 61	0. 993	drs
乌兰察布市化德县长顺镇	0. 562	0. 707	0. 794	irs
乌兰察布市商都县商都镇	0. 778	1	0. 778	irs
乌兰察布市兴和县城关镇	0. 549	0. 816	0. 674	irs
乌兰察布市察哈尔右翼前旗土贵乌拉镇	0. 368	0. 571	0. 644	irs
乌兰察布市察哈尔右翼后旗白音察干镇	0. 571	0. 751	0. 76	irs
巴彦淖尔市五原县隆兴昌镇	0. 851	0. 853	0. 997	irs
巴彦淖尔市磴口县巴彦高勒镇	1	1	1	—
包头市达尔罕茂明安联合旗百灵庙镇	0. 443	0. 447	0. 992	drs
呼伦贝尔市新巴尔虎右旗阿拉坦额莫勒镇	0. 555	0. 875	0. 634	drs
呼伦贝尔市新巴尔虎左旗阿木古郎镇	0. 85	0. 866	0. 982	irs

续表

小城镇	TE	PTE	SE	RTS
呼伦贝尔市陈巴尔虎旗巴彦库仁镇	0.73	1	0.73	drs
兴安盟科尔沁右翼中旗白音胡硕镇	0.814	1	0.814	drs
赤峰市阿鲁科尔沁旗天山镇	1	1	1	—
锡林郭勒盟阿巴嘎旗别力古台镇	0.958	0.984	0.974	drs
锡林郭勒盟苏尼特左旗满都拉图镇	1	1	1	—
锡林郭勒盟苏尼特右旗赛汉塔拉镇	0.777	1	0.777	drs
锡林郭勒盟镶黄旗新宝拉格镇	0.704	1	0.704	drs
锡林郭勒盟正镶白旗明安图镇	0.661	0.669	0.988	irs
鄂尔多斯市鄂托克前旗敖勒召其镇	0.371	0.481	0.77	drs
鄂尔多斯市杭锦旗锡尼镇	0.508	0.529	0.961	drs
巴彦淖尔市乌拉特前旗乌拉山镇	1	1	1	—
巴彦淖尔市乌拉特中旗海流图镇	0.751	0.777	0.966	irs
巴彦淖尔市乌拉特后旗巴音宝力格镇	0.548	0.552	0.993	drs
巴彦淖尔市杭锦后旗陕坝镇	0.969	0.987	0.982	irs
阿拉善盟阿拉善右旗巴丹吉林镇	1	1	1	—
呼和浩特市托克托县双河镇	0.549	0.894	0.614	drs
呼伦贝尔市鄂伦春自治旗阿里河镇	1	1	1	—
呼伦贝尔鄂温克自治旗巴彦托海镇	0.605	0.986	0.613	drs
锡林郭勒盟东乌珠穆沁旗乌里雅斯太镇	0.687	1	0.687	drs
锡林郭勒盟西乌珠穆沁旗巴拉嘎尔高勒镇	0.468	0.588	0.795	drs
锡林浩特正蓝旗上都镇	0.714	0.734	0.973	drs
鄂尔多斯市达拉特旗树林召镇	0.653	0.664	0.983	drs
鄂尔多斯市准格尔旗薛家湾镇	1	1	1	—
鄂尔多斯市鄂托克旗乌兰镇	0.501	1	0.501	drs
鄂尔多斯市乌审旗嘎鲁图镇	0.406	0.539	0.754	drs
呼和浩特市和林格尔县城关镇	0.464	0.512	0.907	irs
包头市固阳县金山镇	0.495	0.646	0.767	irs
通辽市开鲁县开鲁镇	1	1	1	—
赤峰市宁城县天义镇	1	1	1	—
乌兰察布市卓资县卓资山镇	0.496	0.696	0.712	irs
阿拉善盟阿拉善左旗巴彦浩特镇	0.665	1	0.665	drs

续表

小城镇	TE	PTE	SE	RTS
赤峰市克什克腾旗经棚镇	0.763	0.935	0.816	drs
赤峰市喀喇沁旗锦山镇	0.921	0.946	0.973	drs
乌兰察布市凉城县岱海镇	0.866	1	0.866	irs
乌兰察布市察哈尔右翼中旗科布尔镇	0.633	0.882	0.718	irs
乌兰察布市四子王旗乌兰花镇	0.746	0.768	0.971	irs
鄂尔多斯市伊金霍洛旗阿勒腾席热镇	0.182	0.222	0.818	drs
阿拉善盟额济纳旗达来呼布镇	0.797	1	0.797	drs
内蒙古小城镇平均值	0.734	0.835	0.879	

从内蒙古整体而言，2012—2014 年内蒙古小城镇基础设施投融资综合技术效率为 0.734，与生产前沿面相差 0.266，有进一步提升的空间。规模效率和纯技术效率分别为 0.879 和 0.835，规模效率要高于纯技术效率，说明规模效率和纯技术效率双重低下是内蒙古小城镇基础设施投融资效率的制约因素。在不排除环境因素和随机扰动的情况下，呼伦贝尔市莫力达瓦达斡尔族自治旗尼尔基镇、兴安盟扎赉特旗音德尔镇、通辽市奈曼旗大沁他拉镇和赤峰市敖汉旗新惠镇等 14 个小城镇处于生产前沿面，属于 DEA 有效；通辽市科尔沁左翼中旗保康镇、通辽市库伦旗库伦镇、乌兰察布市商都县商都镇、呼伦贝尔市陈巴尔虎旗巴彦库仁镇和锡林郭勒东乌珠穆沁旗乌里雅斯太镇等 12 个小城镇纯技术效率有效，属于弱 DEA 有效；通辽市扎鲁特旗鲁北镇规模效率有效，属于弱 DEA 有效，其余 42 个小城镇都不同程度地存在纯技术效率和规模效率的提升空间。

6.3.2 第二阶段 SFA 回归模型

将第一阶段 DEA 模型得到的内蒙古各小城镇投入的松弛量作为被解释变量，以人均 GDP、招商引资水平和人口密度 3 个环境变量作为解释变量进行类似随机前沿分析（SFA）回归，使用 Frontier 4.1 软件得到结果如表 6-5 所示。

表 6-5　SFA 回归模型结果

	人均城镇固定资产投资松弛量	人均公共财政预算支出松弛量
常数项	-40520.233*** (-15.482)	-874.541*** (-7.030)
人均 GDP	-0.0928** (-1.391)	-0.002** (-2.403)
招商引资水平	-4.927*** (-7.122)	-2.178*** (-3.254)
人口密度	-39.007*** (-53.153)	-14.612*** (-10.571)
γ	0.923	0.918
LR 单边误差检验	20.693***	52.823***

注：***、**、*分别表示在 1%、5%、10%的置信水平下显著，括号内数据为 T 值。

从表 6-5 可知，4 个模型的 γ 值均在 0.9 以上，且在 1%的置信水平下显著，说明各决策单元的管理效率是影响内蒙古小城镇基础设施投融资效率的主导因素，LR 单边误差检验均在 1%的置信水平下显著，表明 SFA 回归模型在内蒙古小城镇基础设施投融资效率评估中很有必要，具体环境因素的影响进行如下分析：

一是经济发展水平。小城镇经济发展水平与城镇固定资产投资的投入冗余量呈显著负相关关系，表明小城镇经济发展水平越高，越会提高小城镇基础设施投融资的效率，小城镇经济发展水平与公共财政预算支出的投入冗余量呈显著负相关关系，表明经济发展水平的提高会促进小城镇基础设施的投融资效率。

二是招商引资力度。招商引资水平与城镇固定资产投资的投入冗余量的回归系数为负值，并在 1%的置信水平下显著，说明地方政府招商引资的力度提高会增加内蒙古小城镇基础设施的投融资效率，招商引资力度与公共财政预算支出的投入冗余量的回归系数为负值，并在 1%的置信水平下显著，表明地方政府招商引资的努力程度提高会增加内蒙古小城镇基础设施的投融资效率。追逐资本等要素流入的招商引资行为是地方政府“标尺竞争”的效率策略。乡镇一级政府改善基础设施的激励将提高基础设施的投融资效率。

三是人口密度。人口密度与城镇固定资产投资的投入冗余量、公共财政预算支出的投入冗余量均呈显著的负相关关系，表明人口密度的降低会抑制内蒙古小城镇基础设施建设的投融资效率，与之前的预期相一致，基础设施建设增加产生了规模经济和网络效应，义务教育、卫生医疗等基础设施的外溢性使人口集中，带来基建成本的节约，而政府在基础设施建设领域的投融资偏好又降低了基建成本，虽然人口密度的增加产生了一定程度上的拥挤效应。因此，人口密度的增加确实可以提高内蒙古小城镇基础设施的投融资效率。

6.3.3 第三阶段调整后的 DEA

通过 SFA 回归模型排除环境因素和随机扰动的影响，我们得到内蒙古自治区各小城镇基础设施投融资的有效的效率得分，利用 Deap 2.1 软件的计算结果与初始效率对比如表 6-6 所示。

表 6-6 调整前后 69 个小城镇 DEA 效率值（2012—2014 年均值）

小城镇	第一阶段 DEA				第三阶段 DEA			
	TE	PTE	SE	RTS	TE3	PTE3	SE3	RTS
呼和浩特市土默特左旗察素齐镇	0.72	0.765	0.941	irs	0.538	0.824	0.653	irs
呼和浩特市清水河县城关镇	0.646	0.674	0.958	irs	0.631	0.897	0.703	irs
呼和浩特市武川县可可以力更镇	0.522	0.666	0.784	irs	0.605	0.955	0.633	irs
包头市土默特右旗萨拉齐镇	0.557	0.59	0.944	irs	0.749	0.913	0.82	irs
呼伦贝尔市阿荣旗那吉镇	0.857	0.858	0.999	irs	0.826	1	0.826	irs
呼伦贝尔市莫力达瓦达斡尔族自治旗尼尔基镇	1	1	1	—	0.823	1	0.823	irs
兴安盟科尔沁右翼前旗科尔沁镇	0.693	0.747	0.927	irs	0.673	0.891	0.755	drs
兴安盟扎赉特旗音德尔镇	1	1	1	—	0.807	1	0.807	irs
兴安盟突泉县突泉镇	0.759	0.811	0.937	irs	0.692	0.917	0.755	irs
通辽市科尔沁左翼中旗保康镇	0.993	1	0.993	irs	0.792	1	0.792	irs
通辽市科尔沁左翼后旗甘旗卡镇	1	1	1	—	0.967	1	0.967	irs
通辽市库伦旗库伦镇	0.932	1	0.932	drs	0.981	1	0.981	irs
通辽市奈曼旗大沁他拉镇	1	1	1	—	1.000	1	1	—

续表

小城镇	第一阶段 DEA				第三阶段 DEA			
	TE	PTE	SE	RTS	TE3	PTE3	SE3	RTS
通辽市扎鲁特旗鲁北镇	0.672	0.672	1	—	0.855	0.883	0.968	irs
赤峰市巴林左旗林东镇	0.812	0.845	0.961	drs	0.856	0.865	0.99	irs
赤峰市巴林右旗大板镇	0.696	0.71	0.981	drs	0.810	0.861	0.941	irs
赤峰市林西县林西镇	0.703	0.899	0.782	drs	0.900	0.903	0.997	irs
赤峰市翁牛特旗乌丹镇	0.88	0.942	0.934	irs	0.815	1	0.815	irs
赤峰市敖汉旗新惠镇	1	1	1	—	0.957	1	0.957	irs
锡林郭勒盟太仆寺旗宝昌镇	0.681	0.919	0.741	irs	0.466	0.955	0.488	irs
锡林郭勒盟多伦县多伦淖尔镇	0.606	0.61	0.993	drs	0.908	0.975	0.931	irs
乌兰察布市化德县长顺镇	0.562	0.707	0.794	irs	0.471	0.799	0.59	irs
乌兰察布市商都县商都镇	0.778	1	0.778	irs	0.548	1	0.548	drs
乌兰察布市兴和县城关镇	0.549	0.816	0.674	irs	0.404	0.802	0.504	irs
乌兰察布市察哈尔右翼前旗土贵乌拉镇	0.368	0.571	0.644	irs	0.380	0.786	0.484	irs
乌兰察布市察哈尔右翼后旗白音察干镇	0.571	0.751	0.76	irs	0.519	0.899	0.577	irs
巴彦淖尔市五原县隆兴昌镇	0.851	0.853	0.997	irs	0.873	1	0.873	irs
巴彦淖尔市磴口县巴彦高勒镇	1	1	1	—	1.000	1	1	—
包头市达尔罕茂明安联合旗百灵庙镇	0.443	0.447	0.992	drs	0.658	0.849	0.775	irs
呼伦贝尔市新巴尔虎右旗阿拉坦额莫勒镇	0.555	0.875	0.634	drs	0.820	0.931	0.881	irs
呼伦贝尔市新巴尔虎左旗阿木古郎镇	0.85	0.866	0.982	irs	0.785	0.966	0.813	irs
呼伦贝尔市陈巴尔虎旗巴彦库仁镇	0.73	1	0.73	drs	0.829	1	0.829	irs
兴安盟科尔沁右翼中旗白音胡硕镇	0.814	1	0.814	drs	1.000	1	1	—
赤峰市阿鲁科尔沁旗天山镇	1	1	1	—	1.000	1	1	—
锡林郭勒盟阿巴嘎旗别力古台镇	0.958	0.984	0.974	drs	0.814	0.937	0.869	irs
锡林郭勒盟苏尼特左旗满都拉图镇	1	1	1	—	1.000	1	1	—
锡林郭勒盟苏尼特右旗赛汉塔拉镇	0.777	1	0.777	drs	0.943	0.952	0.991	irs
锡林郭勒盟镶黄旗新宝拉格镇	0.704	1	0.704	drs	0.910	0.922	0.987	irs
锡林郭勒盟正镶白旗明安图镇	0.661	0.669	0.988	irs	0.520	0.884	0.588	irs

续表

小城镇	第一阶段 DEA				第三阶段 DEA			
	TE	PTE	SE	RTS	TE3	PTE3	SE3	RTS
鄂尔多斯市鄂托克前旗敖勒召其镇	0.371	0.481	0.77	drs	0.692	0.709	0.976	irs
鄂尔多斯市杭锦旗锡尼镇	0.508	0.529	0.961	drs	0.701	0.879	0.798	irs
巴彦淖尔市乌拉特前旗乌拉山镇	1	1	1	—	0.834	1	0.834	irs
巴彦淖尔市乌拉特中旗海流图镇	0.751	0.777	0.966	irs	0.595	0.861	0.691	irs
巴彦淖尔市乌拉特后旗巴音宝力格镇	0.548	0.552	0.993	drs	0.664	0.762	0.871	irs
巴彦淖尔市杭锦后旗陕坝镇	0.969	0.987	0.982	irs	0.745	1	0.745	irs
阿拉善盟阿拉善右旗巴丹吉林镇	1	1	1	—	1.000	1	1	—
呼和浩特市托克托县双河镇	0.549	0.894	0.614	drs	0.940	0.94	1	—
呼伦贝尔市鄂伦春自治旗阿里河镇	1	1	1	—	0.773	1	0.773	irs
呼伦贝尔鄂温克自治旗巴彦托海镇	0.605	0.986	0.613	drs	0.993	1	0.993	drs
锡林郭勒盟东乌珠穆沁旗乌里雅斯太镇	0.687	1	0.687	drs	1.000	1	1	—
锡林郭勒盟西乌珠穆沁旗巴拉嘎尔高勒镇	0.468	0.588	0.795	drs	0.688	0.711	0.968	drs
锡林浩特正蓝旗上都镇	0.714	0.734	0.973	drs	0.595	0.853	0.698	drs
鄂尔多斯市达拉特旗树林召镇	0.653	0.664	0.983	drs	0.723	0.779	0.928	drs
鄂尔多斯市准格尔旗薛家湾镇	1	1	1	—	1.000	1	1	—
鄂尔多斯市鄂托克旗乌兰镇	0.501	1	0.501	drs	0.821	1	0.821	—
鄂尔多斯市乌审旗嘎鲁图镇	0.406	0.539	0.754	drs	0.870	0.892	0.975	drs
呼和浩特市和林格尔县城关镇	0.464	0.512	0.907	irs	0.488	0.637	0.766	irs
包头市固阳县金山镇	0.495	0.646	0.767	irs	0.484	0.819	0.591	irs
通辽市开鲁县开鲁镇	1	1	1	—	1.000	1	1	—
赤峰市宁城县天义镇	1	1	1	—	0.984	1	0.984	irs
乌兰察布市卓资县卓资山镇	0.496	0.696	0.712	irs	0.481	0.859	0.56	irs
阿拉善盟阿拉善左旗巴彦浩特镇	0.665	1	0.665	drs	0.991	1	0.991	—
赤峰市克什克腾旗经棚镇	0.763	0.935	0.816	drs	0.998	1	0.998	irs
赤峰市喀喇沁旗锦山镇	0.921	0.946	0.973	drs	0.824	0.902	0.914	drs
乌兰察布市凉城县岱海镇	0.866	1	0.866	irs	0.593	1	0.593	irs
乌兰察布市察哈尔右翼中旗科布尔镇	0.633	0.882	0.718	irs	0.440	0.916	0.48	irs

续表

小城镇	第一阶段 DEA				第三阶段 DEA			
	TE	PTE	SE	RTS	TE3	PTE3	SE3	RTS
乌兰察布市四子王旗乌兰花镇	0.746	0.768	0.971	irs	0.582	0.849	0.686	irs
鄂尔多斯市伊金霍洛旗阿勒腾席热镇	0.182	0.222	0.818	drs	0.659	0.675	0.977	irs
阿拉善盟额济纳旗达来呼布镇	0.797	1	0.797	drs	1.000	1	1	—
平均值	0.734	0.835	0.879		0.770	0.923	0.834	

6.3.3.1 各小城镇效率差异对比

（1）基础设施投融资综合技术效率分析。综合技术效率得分可以衡量内蒙古各小城镇基础设施投融资在管理技术、资源配置结构和资源规模等多方面整体效率的高低。从表 6-6 中我们可以看出，大多数小城镇在调整前后基础设施投融资综合技术效率有明显差异，调整后的内蒙古平均综合技术效率从 0.734 提高到 0.770。从具体城镇分析，兴安盟科尔沁右翼中旗白音胡硕镇、锡林郭勒东乌珠穆沁旗乌里雅斯太镇和阿拉善盟额济纳旗达来呼布镇等 3 个城镇在调整后达到生产前沿面，属于 DEA 有效，即同时具备技术有效和规模有效，而呼伦贝尔市莫力达瓦达斡尔族自治旗尼尔基镇、兴安盟扎赉特旗音德尔镇、通辽市科尔沁左翼后旗甘旗卡镇和巴彦淖尔市乌拉特前旗乌拉山镇等 7 个城镇在排除环境因素和随机扰动因素后，规模效率有不同程度的下降，由调整前的 DEA 有效转变为调整后的弱 DEA 有效，调整前后效率变化最大的是鄂尔多斯市伊金霍洛旗阿勒腾席热镇、鄂尔多斯乌审旗嘎鲁图镇、锡林郭勒西乌珠穆沁旗巴拉嘎尔高勒镇、呼和浩特市托克托县双河镇和鄂尔多斯市鄂托克前旗敖勒召其镇等 9 个城镇，表明这 9 个小城镇受环境因素影响较大。在 69 个小城镇中，有 31 个小城镇综合技术效率得到提升，调整后综合技术效率下降的有 31 个小城镇，通辽市奈曼旗大沁他拉镇、巴彦淖尔市磴口县巴彦高勒镇和锡林郭勒苏尼特左旗满都拉图镇等 7 个小城镇依然处于生产前沿面。

（2）基础设施投融资纯技术效率分析。纯技术效率反映的是内蒙古各个小城镇在基础设施投融资过程中管理和技术等方面的生产效率。内蒙古平均纯技术效率由调整前的0.835上升到0.923，调整后的40个小城镇的纯技术效率有明显的提高，呼伦贝尔市阿荣旗那吉镇、赤峰市翁牛特旗乌丹镇、巴彦淖尔市五原县隆兴昌镇、巴彦淖尔市杭锦后旗陕坝镇和呼伦贝尔鄂温克自治旗巴彦托海镇等6个小城镇达到纯技术有效，调整前后纯技术效率提高较大的城镇是鄂尔多斯市伊金霍洛旗阿勒腾席热镇和包头市达尔罕茂明安联合旗百灵庙镇，分别从调整前的0.222、0.447，提高到调整后的0.675、0.849。

（3）基础设施投融资规模效率分析。规模效率反映的是内蒙古各个小城镇基础设施投融资在管理和技术条件一定的情况下实际供给规模与最优规模的差距。内蒙古小城镇基础设施投融资平均规模效率在调整前后分别为0.879和0.834，规模效率有所下降，69个小城镇的规模效率调整前后有明显差异，有43个小城镇调整后规模效率下降，调整后兴安盟科尔沁右翼中旗白音胡硕镇、呼和浩特市托克托县双河镇、锡林郭勒东乌珠穆沁旗乌里雅斯太镇和阿拉善盟额济纳旗达来呼布镇4个城镇规模效率变为1，达到规模有效，呼和浩特市土默特左旗察素齐镇和乌兰察布市四子王旗乌兰花镇规模效率下降较大，分别由调整前的0.941、0.971下降到0.653、0.686。呼和浩特市托克托县双河镇和呼伦贝尔鄂温克自治旗巴彦托海镇调整前后规模效率提高较多，分别由调整前的0.614、0.613提高到1、0.993。

6.3.3.2 区域效率差异对比

调整前，内蒙古东部地区的小城镇基础设施投融资的综合技术效率最高，为0.856，而中部地区的综合技术效率最低，为0.619，综合技术效率排名为内蒙古东部地区>西部地区>中部地区，东部地区和西部地区综合技术效率高于内蒙古平均水平（0.734），而中部地区低于内蒙古平均水平。将综合技术效率分解来看，东部地区小城镇基础设施投融资的纯技术效率为0.927，西部地区小城镇基础设施投融资的纯技术效率为0.908，均高于内蒙古平均水平，中部地区小城镇基础设施投融资的纯技术效率和规模效率与东部、西部地区相比均有较大差距，因此，纯技术效率和规模效率的

“双低”是制约中部地区小城镇基础设施投融资效率的关键因素。在剔除环境因素和随机扰动等因素后，将内蒙古各地区小城镇置于“同一起跑线”后，内蒙古大部分地区的综合技术效率、纯技术效率和规模效率都有明显提升，只有内蒙古西部地区的规模效率有所下降。调整后，东部地区的小城镇基础设施投融资的综合技术效率仍然最高，为0.856，西部地区综合技术效率有明显的提高，为0.852，中部地区综合技术效率最低，为0.670，综合技术效率排名依然为东部地区>西部地区>中部地区。只有中部地区的综合技术效率低于内蒙古平均水平（0.770），中部地区小城镇基础设施投融资效率排名靠后主要归因于调整后的规模效率的大幅下降，因此中部地区小城镇基础设施投融资效率受经济发展水平、招商引资力度和人口密度等外部环境影响较大，调整前后各个地区效率对比如表6-7所示。

表6-7 调整前后区域效率差异对比（2012—2014年均值）

	TE1	TE3	PTE	PTE3	SE	SE3
东部地区	0.856	0.875	0.927	0.966	0.923	0.906
中部地区	0.619	0.670	0.745	0.878	0.831	0.763
西部地区	0.847	0.852	0.908	0.958	0.933	0.889

6.3.3.3 城镇类型效率差异对比

调整前，内蒙古牧业型小城镇基础设施投融资的综合技术效率最高，为0.762，而资源型小城镇的综合技术效率最低，为0.665，综合技术效率排名为内蒙古牧业型小城镇>农业型小城镇>旅游型小城镇>工商业型小城镇>资源型小城镇，牧业型和农业型小城镇的综合技术效率高于内蒙古平均水平（0.734），而资源型、工商业型和旅游型小城镇均低于内蒙古平均水平，将综合技术效率分解来看，牧业型小城镇基础设施投融资的纯技术效率为0.843，资源型小城镇基础设施投融资的纯技术效率为0.840，农业型小城镇基础设施投融资的纯技术效率为0.836，均高于内蒙古平均水平，5种类型的小城镇基础设施投融资的纯技术效率差距不大，但是资源型小城镇的规模效率与牧业型、农业型、工商业型和旅游业型的小城镇相比有较大差距，因此，规模效率较低是制约资源型小城镇基础设施投融资效率的关键因素。调整后，资源型小城镇基础设施投融资的综合技术效率由最低变为最高，为 0.840；内蒙古农业型小城镇的综合技术效率有所下降，由 0.760 转变为 0.739；工商业型小城镇综合技术效率最低，为 0.722；综合技术效率排名重新划分为内蒙古资源型小城镇>牧业型小城镇>农业型小城镇>旅游型小城镇>工商业型小城镇，只有资源型小城镇和牧业型小城镇的综合技术效率高于内蒙古平均水平（0.770），资源型小城镇基础设施投融资效率排名提升主要归因于调整后的规模效率的大幅增加。因此，资源型小城镇基础设施投融资效率受经济发展水平、招商引资力度和人口密度等外部环境影响较大，调整前后各个地区效率对比如表 6-8 所示。

表 6-8 调整前后不同类型小城镇效率差异对比（2012—2014 年均值）

	TE1	TE3	PTE	PTE3	SE	SE3
农业型	0.760	0.739	0.836	0.933	0.909	0.792
牧业型	0.762	0.804	0.843	0.925	0.904	0.869
资源型	0.665	0.840	0.840	0.917	0.792	0.916
工商业型	0.681	0.722	0.809	0.886	0.842	0.815
旅游型	0.699	0.731	0.822	0.906	0.851	0.807

6.3.3.4 调整后内蒙古小城镇基础设施投融资效率分析

（1）调整后内蒙古小城镇基础设施投融资供给效率中，综合技术效率处于生产前沿面的小城镇有通辽市奈曼旗大沁他拉镇、巴彦淖尔市磴口县巴彦高勒镇、兴安盟科尔沁右翼中旗白音胡硕镇、赤峰市阿鲁科尔沁旗天山镇、锡林郭勒苏尼特左旗满都拉图镇、阿拉善盟阿拉善右旗巴丹吉林镇、锡林郭勒东乌珠穆沁旗乌里雅斯太镇、鄂尔多斯市准格尔旗薛家湾镇、通辽市开鲁县开鲁镇和阿拉善盟额济纳旗达来呼布镇，共 10 个小城镇，呼和浩特市土默特左旗察素齐镇、包头土默特右旗萨拉齐镇、赤峰市巴林左旗林东镇、锡林郭勒盟多伦县多伦淖尔镇、呼伦贝尔市新巴尔虎右旗阿拉坦额莫勒镇、巴彦淖尔市乌拉特中旗海流图镇和乌兰察布市察哈尔右翼中旗科布尔镇等38个小城镇都不同程度地存在纯技术效率和规模效率改进。综合技术效率高于内蒙古平均水平的小城镇有40个，分别为内蒙古东部地区农业型的呼伦贝尔市莫力达瓦达斡尔族自治旗尼尔基镇、兴安盟扎赉特旗音德尔镇、赤峰市林西县林西镇等，东部地区牧业型的呼伦贝尔市新巴尔虎左旗阿木古郎镇、赤峰市阿鲁科尔沁旗天山镇等，中部地区资源型的呼和浩特市托克托县双河镇、鄂尔多斯达拉特旗树林召镇和锡林浩特正蓝旗上都镇等，西部地区工商业型的阿拉善盟阿拉善左旗巴彦浩特镇等，西部地区旅游型的阿拉善盟额济纳旗达来呼布镇等，如图6-2所示。

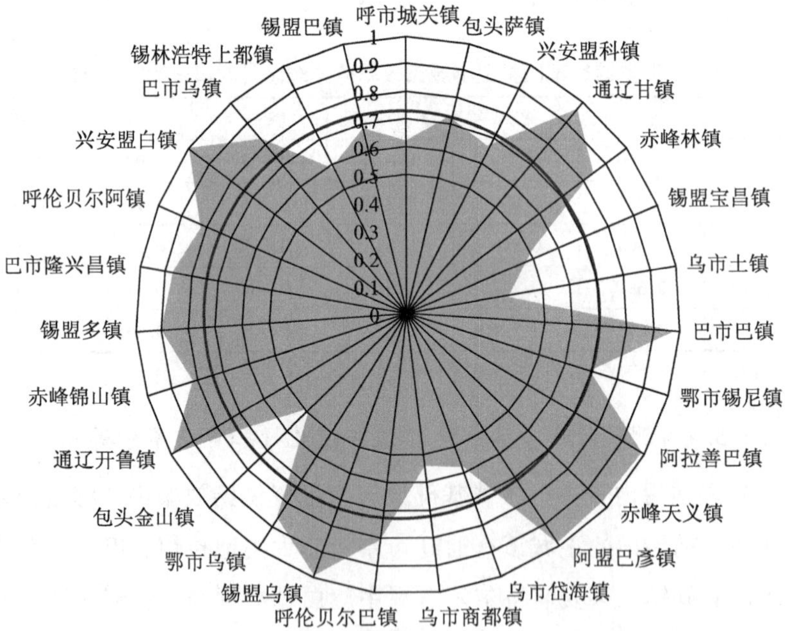

图6-2　调整后部分小城镇基础设施投融资综合技术效率值

（2）调整后将内蒙古各个小城镇之间按照纯技术效率和规模效率得分分为4个区域，如图6-3所示。

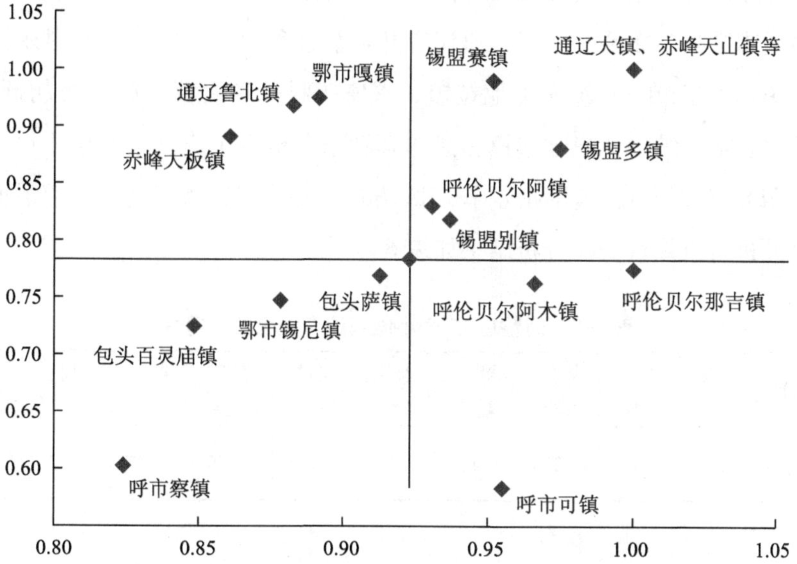

图 6-3 调整后部分小城镇之间纯技术效率和规模效率

从图 6-3 中我们可以看出，在第一象限为“双高”型，处于这一区域的内蒙古小城镇基础设施投融资的规模效率和纯技术效率都很高，共有 23 个小城镇，占所有内蒙古小城镇样本的 1/3，占 33.3%；第二象限为“高规模效率”型，处于这一区域的小城镇基础设施投融资的规模效率较高，但是纯技术效率相对较低，共有 12 个小城镇，占 17.4%；第三象限为“双低”型，处于这一区域的内蒙古小城镇基础设施投融资的规模效率和纯技术效率都较低，共有 19 个小城镇，样本占 27.5%；第四象限是“高技术效率”型，处于这一区域的小城镇基础设施投融资的纯技术效率较高，但是规模效率相对较低，共有 15 个小城镇，占 21.8%。可以看出，内蒙古 69 个小城镇样本中仍有一半以上的小城镇存在纯技术效率和规模效率方面有所改进，综合技术效率有待提高。

6.3.3.5 超效率 DEA 分析

从上文分析中我们可以看出，调整后有 10 个小城镇基础设施投融资的综合技术效率为 1，属于 DEA 有效，分别是锡林郭勒苏尼特左旗满都拉图镇、巴彦淖尔市磴口县巴彦高勒镇、阿拉善盟阿拉善右旗巴丹吉林镇、鄂尔多斯市准格尔旗薛家湾镇、通辽市开鲁县开鲁镇、赤峰市阿鲁科尔沁旗天山镇、通辽市奈曼旗大沁他拉镇、兴安盟科尔沁右翼中旗白音胡硕镇、阿拉善盟额济纳旗达来呼布镇和锡林郭勒东乌珠穆沁旗乌里雅斯太镇，我们利用 DEA Solver，运用超效率 DEA 方法进一步对这些同属生产前沿面的小城镇进行有效区分。分析结果如表 6-9。

表 6-9　调整后 10 个小城镇综合技术效率得分

小城镇	锡盟满镇	巴市巴镇	阿盟巴镇	鄂市薛镇	通辽开鲁	赤峰天山	通辽大镇	兴安白镇	阿盟达镇	锡盟乌镇
调整后 TE 得分	1. 319	1. 308	1. 258	1. 219	1. 210	1. 184	1. 166	1. 147	1. 086	1. 011

从表 6-9 可以看出，调整后处于生产前沿面的 10 个小城镇中，基础设施投融资综合技术效率值由高到低分别是锡林郭勒苏尼特左旗满都拉图镇、巴彦淖尔市磴口县巴彦高勒镇、阿拉善盟阿拉善右旗巴丹吉林镇、鄂尔多斯市准格尔旗薛家湾镇、通辽市开鲁县开鲁镇、赤峰市阿鲁科尔沁旗天山镇、通辽市奈曼旗大沁他拉镇、兴安盟科尔沁右翼中旗白音胡硕镇、阿拉善盟额济纳旗达来呼布镇和锡林郭勒东乌珠穆沁旗乌里雅斯太镇，超效率得分值分别是 1. 319、1. 308、1. 258、1. 219、1. 210、1. 184、1. 166、1. 147、1. 086 和 1. 011，超效率得分意味着锡林郭勒苏尼特左旗满都拉图镇在调整后可以在增加基础设施投融资初始投入 31. 9%的情况下仍然处于有效生产前沿面，而巴彦淖尔市磴口县巴彦高勒镇、阿拉善盟阿拉善右旗巴丹吉林镇、鄂尔多斯市准格尔旗薛家湾镇、通辽市开鲁县开鲁镇、赤峰市阿鲁科尔沁旗天山镇、通辽市奈曼旗大沁他拉镇、兴安盟科尔沁右翼中旗白音胡硕镇、阿拉善盟额济纳旗达来呼布镇和锡林郭勒东乌珠穆沁旗乌里雅斯太镇在基础设施投融资的初始投入分别增加 30. 8%、25. 8%、21. 9%、21. 0%、18. 4%、16. 6%、14. 7%、8. 6%和 1. 1%的基础上仍然是 DEA 有效的。

6.4 结 论

（1）内蒙古各个小城镇基础设施投融资效率受地区经济发展水平、政府招商引资力度和人口密度等环境因素的影响，在充分考虑外部环境因素和随机扰动因素差异后，内蒙古大部分地区的小城镇基础设施投融资效率有所提高。

（2）在剔除环境因素和随机扰动因素的影响后，内蒙古小城镇基础设施投融资效率的区域排名为内蒙古东部地区>西部地区>中部地区，东部地区综合技术效率最高。除了环境因素和随机扰动因素外，规模效率是影响中部地区小城镇基础设施投融资效率的关键因素。

（3）将内蒙古各个小城镇置于“同一起跑线”后，内蒙古小城镇综合技术效率排名为资源型小城镇>牧业型小城镇>农业型小城镇>旅游型小城镇>工商业型小城镇，资源型小城镇基础设施投融资效率排名提升主要归因于调整后规模效率的大幅增加。因此，资源型小城镇基础设施投融资效率受经济发展水平、招商引资力度和人口密度等外部环境影响较大。

（4）呼和浩特市土默特左旗察素齐镇、兴安盟科尔沁右翼前旗科尔沁镇、乌兰察布市察哈尔右翼前旗土贵乌拉镇和巴彦淖尔市乌拉特中旗海流图镇等19个小城镇处于“双低”型区域，特别是乌兰察布市的小城镇，除了乌兰察布市凉城县岱海镇之外，乌兰察布市的所有样本小城镇均处于“双低”型区域，这些小城镇有进一步提升基础设施投融资效率的空间，同时改善纯技术效率和规模效率来提高基础设施投融资效率是今后要考虑的方向。

（5）通过超效率DEA模型得出锡林郭勒苏尼特左旗满都拉图镇在小城镇基础设施投融资效率评估的69个样本小城镇中排名最高，在增加初始投入的31.9%，综合技术效率仍然DEA有效，巴彦淖尔市磴口县巴彦高勒镇、阿拉善盟阿拉善右旗巴丹吉林镇、鄂尔多斯市准格尔旗薛家湾镇等地区小城镇基础设施投融资效率也位于内蒙古前列。

（6）除了通辽市奈曼旗大沁他拉镇、巴彦淖尔市磴口县巴彦高勒镇、兴安盟科尔沁右翼中旗白音胡硕镇、赤峰市阿鲁科尔沁旗天山镇和锡林郭勒苏尼特左旗满都拉图镇等 11 个小城镇外，其余 58 个样本小城镇均存在规模效率进一步改进的空间，规模效率是制约内蒙古小城镇基础设施投融资效率的重要因素。因此，通过提高内蒙古小城镇基础设施的投融资规模，可以有效提高内蒙古小城镇基础设施的投融资的整体效率，在当前“三期叠加”、财政赤字进一步加大的宏观环境下，内蒙古应采取多种措施在小城镇基础设施投融资领域引入社会资本，共同提高基础设施投融资规模。例如，通过设立内蒙古特色小城镇基础设施政府引导基金，打造“互联网+特色小镇”模式，撬动社会资本投入小城镇基础设施领域。

（7）从上文的数据分析中我们可以看出，有 44.9%的内蒙古小城镇基础设施投融资纯技术效率较低，说明内蒙古各小城镇基础设施投融资在管理体制方面的生产效率偏低，小城镇基础设施投融资的管理体制体现的是从政府到市场的多主体之间的权责利关系，通过改善政府管理体制，内蒙古可以进一步提高小城镇基础设施投融资效率。例如，在内蒙古小城镇基础设施投融资领域积极推广 PPP 模式，广泛吸引社会资本参与，政府部门与企业共同出资成立特殊项目公司（SPV，Special Purpose Vehicle），根据风险共担、收益共享的原则运营管理小城镇基础设施建设，从而提高小城镇基础设施投融资效率。

7 完善内蒙古小城镇基础设施建设投融资管理体制的政策建议

近年来，内蒙古自治区各级政府以党的十八大和十八届三中全会、四中全会、五中全会、六中全会和习近平总书记考察内蒙古重要讲话精神为指导，按照规划引领、分类指导、突出特色、传承文化的原则加快推进小城镇基础设施建设，积极探索符合内蒙古实际的边疆少数民族地区新型城镇化发展道路。与国内其他地区相比，内蒙古小城镇建设水平存在较大差距，开展基础设施建设应重点关注与小城镇居民居住生活条件密切相关的道路、供水、生活垃圾处理、环境卫生综合整治等方面问题，加快小城镇配套基础设施建设速度，提高供给能力，要以小城镇为核心吸纳周边剩余劳动力，缓解农村牧区生态压力，辐射带动区域经济统筹协调发展。

内蒙古地处民族边远地区，地域广阔，自然条件较差，经济总量较低，仅仅依靠财政力量远不能满足小城镇基础设施建设的资金需求。因此，解决好投融资问题是推进小城镇基础设施建设、促进小城镇发展的关键。投融资管理体制创新是一个永恒的主题，但也需要在实践中不断发展和完善。内蒙古小城镇建设在投融资管理体制上既要充分吸收借鉴国内外先进经验，同时也要结合自身民族、地域特点，统筹考虑政治、经济、社会、文化、人口、资源、环境等多方面的因素，加强机制体制创新，探索建立小城镇基础设施建设投融资管理体制的“内蒙古模式”。其总体思路是：一是根据领域、区域、城镇化发展阶段等特征对项目进行科学区分，坚持系统性开发、集群化开发道路；二是加强政府的规划引导作用，发挥好市场的资源配置作用，将项目建设及运营交由市场；三是限定投融资范围，将建设资金全部用于扶持地方特色产业发展和特色小镇建设上来。在具体操作模式上，可以通过央企牵头做总基金、做好增信、引进外资等方式来解决资金来源问题；通过产业和基础设施建设结合、大城市和小城镇结合、投融资规划与地方“十三五”规划、产业园区规划相结合的办法破解单一投融资渠道的风险。

7.1 突出草原文化特色，明确投融资生态功能定位

内蒙古是祖国北疆重要的生态屏障，各族人民创造了辉煌灿烂的物质文明和精神文明，形成了独具民族特色的草原文化。2014 年习近平总书记视察内蒙古时指出：“要把祖国北部边疆这道风景线打造得更加亮丽，”为内蒙古未来发展提出了新的定位和要求。小城镇作为内蒙古草原文化的重要载体，其文化传承功能和生态稳定功能在内蒙古经济社会可持续发展战略中具有举足轻重的地位，建设现代化小城镇首先要考虑如何正确处理基础设施弘扬草原文化和保护生态环境的关系，要通过体制创新使基础设施建设投融资行为顺应生态保护需要，促进草原文化发展，实现小城镇建设与地区生态文明的协调和可持续发展。

7.1.1 加快地方立法工作，完善草原生态保护投融资相关的法律法规

统筹规划，制度先行。“十三五”以来，内蒙古小城镇建设进入起步阶段，各类基础设施建设投融资方式开始陆续引进。内蒙古地广人稀、生态环境脆弱，小城镇是重要的生态节点，基础设施建设投融资行为本身具有逐利性，如不加以正确引导，有可能会在建设过程中背离草原文化保护的基本方向，危害地区生态稳定。为保证各级各类小城镇基础设施建设投融资活动能够在符合维护地区生态稳定、促进草原文化发展的框架内有序开展，应尽早着手研究制定规范小城镇基础设施投融资行为的地方性法律法规体系，使小城镇基础设施建设投融资活动有章可循、有法可依。

首先，自治区层面应该结合《草原法》《草原管理条例》及实施细则和相关草原监督管理规定，对分散于各部门的小城镇基础设施建设投融资管理的规章制度进行梳理和修订，增加体现草原文化和生态环境保护的相关条款，在企业投资项目核准和备案管理、项目协议及目标、基础设施产权及利益分配等方面提出生态文化保护目标，对小城镇基础设施的规划设计、项目筹资、投资建设、项目承担企业的经营及项目建成后的使用做出明确的规定，从而将政府部门、建设企业以及个人的权利、义务和责任以法律的形式确定下来，依法保护各方权益，维护竞争公平有序、要素合理流动的投融资市场环境。

其次，要进一步完善生态文化保护与监督管理责任的法规制度。现行的小城镇基础设施建设投融资管理的规章制度大多以吸引投资为主，较少考虑草原文化和生态环境保护问题，要在法规制度中明确破坏生态环境的责任追究机制，弥补小城镇基础设施建设投融资法律规定生态文明关注的空白。另外，基础设施建设是长期性的系统工程，涉及政府财政、建设、发改及金融证券等诸多部门，要明确各部门的工作职责，在实践中注重项目生态文化结果控制，以更好地实现基础设施建设带动地区综合发展的目标。

最后，要加大法律法规引导力度，建立基础设施建设投融资主体履行生态文化社会责任的引导性规章制度，通过颁布奖励性政策，采取经济手段，对投融资主体的生态文化贡献给予税收优惠和资金扶持，如对防沙治沙项目免征所有税费，对防沙治沙龙头企业给予政策性贷款等。

7.1.2 做好基础设施建设投融资规划，突出生态导向功能

与国内其他地区相比，内蒙古小城镇基础设施建设不仅要具有改善城镇居民生产生活条件的功能，同时也要发挥改善地区生态环境、促进草原文化发展的作用。为了实现这一综合性目标，内蒙古小城镇基础设施建设应首先做好投融资规划。所谓的投融资规划，是指以城市规划为基础，以落实城市发展战略为目标，运用统筹技术对基础设施建设项目的投融资及

建设运营过程做出的一系列合理安排。目前，内蒙古各地区小城镇已基本建立了自身的城镇规划体系，但在实际开发过程中仍存在诸多问题，主要原因还是在于没有针对城镇规划制定切实可行的投融资规划，在管理体制、招商机制、资金来源、实施主体和利益分配等方面考虑不够周全。因此，自治区层面应进一步加大对小城镇基础设施建设全过程指导力度，引导小城镇做好基础设施投融资规划，将城镇规划变成具有可操作性的实施方案。

一是指导小城镇根据自身城镇规划实际对基本建设项目进行科学分类，区分基础设施的公共物品属性，明确基础设施建设资金来源和运营模式，划清政府与市场行为边界。地方政府应科学确定基础设施开发建设时序，明确哪些项目由政府投资建设、哪些项目引入社会企业参与、哪些项目采取综合打包方式交由社会企业统一运作，以及具体项目的生态文化保护责任及投资回报方式，为潜在的投资者提供合理、可靠的经济预期，充分调动市场的积极性。

二是指导小城镇加大建设资金统筹力度。按照开发建设时序及相应的项目建设运行财务模型，使地方政府及社会企业对基础设施建设周期、投资强度、投资风险和合理回报等都有比较清醒的理解和认识，能够按照开发建设进度合理安排资金，可以有效避免资金链断裂，确保基础设施建设顺利进行。

三是指导小城镇整合基础设施建设各参与主体的价值取向。在基础设施建设过程中，政府要统筹兼顾社会企业、投资人、居民乃至被征地住户等群体之间的利益诉求，以改善小城镇生态环境、提高居住生活质量、保持民族文化特色为出发点，把公众需求转化为具体管理行为，避免在建设过程中为解决眼前问题而牺牲公众利益，出现随意更改规划指标、调整建设内容、推后建设配套公共设施等“规划难落实”的问题。

四是加强生态环境规划，促进小城镇生态系统的良性循环。为了推进社会经济可持续发展，实现小城镇居民生产生活休闲、宜居，应高效、科学、合理利用各种资源条件，对小城镇经济、社会、生态环境进行全面综合规划。因此，在小城镇基础设施建设各功能区布局上，要合理规划设计小城镇绿地设施、污水处理、环境污染防治、资源利用保护规划。在资金投资规划上，要进一步规范和完善生态保护基础设施项目的公共财政投入，加大各级财政统筹整合各类已设立的相关专项资金的力度，重点支持特色小镇市政基础设施建设，打造生态宜居特色小城镇。

在小城镇基础设施建设工作职能分工上进行协调、联动。各盟市、旗县（市、区）要对小城镇建设工作领导小组成员单位的职能进行相应调整（见表 7-1）。

表 7-1　内蒙古特色小城镇基础设施建设职能分工表

部门	职能分工
内蒙古自治区住房城乡建设厅	（1）负责指导全区特色小镇的规划建设和功能完善； （2）指导全区特色小镇基础设施建设和工程建设项目实施
内蒙古自治区发展改革委	（1）协调指导特色小镇列入自治区、盟市重点建设项目； （2）整合本部门资源，支持特色小镇加快规划建设
内蒙古自治区财政厅	（1）负责审核和兑现享受财政扶持政策的特色小镇工作； （2）引导各地区安排资金支持特色小镇加快规划建设
内蒙古自治区农牧业厅	负责整合本部门资源，支持特色小镇打造特色农业、牧业
内蒙古自治区国土资源厅	（1）负责审核和兑现享受用地扶持政策的特色小镇工作； （2）指导各地区强化特色小镇用地保障，创新节约集约用地机制
内蒙古自治区商务厅	负责指导全区特色小镇电子商务创建、提升和涉外业务指导
内蒙古自治区环保厅	负责指导全区特色小镇污染防治和生态环境建设
内蒙古自治区科技厅	负责指导全区特色小镇的科技创新工作
内蒙古自治区经济和信息化委	负责指导全区特色小镇的产业转型升级工作

7.1.3　支持草原宜居环境塑造和蒙古族传统文化传承的工程建设

截至 2017 年 1 月，内蒙古共确定自治区级美丽宜居小镇 42 个（其中 6 个为国家级），这些小镇自东向西分布，且多数为旗县政府驻地，既是内蒙古森林、草原及沙漠干旱地区人口聚集区的典型代表，又是传承蒙古族文化的重要载体。多年来，由于建设资金不足，这些小镇基础设施建设落后，公共配套设施简陋，人居环境处于较低水平。近两年，在国家和自治区美丽宜居小镇评选活动的带动下，当地政府充分发挥自身地域资源优势，以蒙古族文化和草原特色为突破口，克服资金紧张、历史欠账多等不利因素，加大民生项目投入力度，使城镇人居环境、基础设施条件得到了一定程度的改善。但与国内其他省、市相比，内蒙古美丽宜居小镇建设仍处于较低水平，其基础设施空间布局和覆盖率仍有很大的提升空间。从另一个角度来看，个别地区在申报美丽宜居小镇过程中往往是集整个县域财政实力，短时间内集中上马各类基础设施建设项目，一些后续建设项目及维护资金很难得到持续且稳定的供给。在未来的建设活动中，地方政府一方面应该进一步明确小城镇的生态功能定位和发展目标，大力发展民族特色产业，增强自身造血功能，使小城镇建设走上可持续发展的良性轨道；另外要充分挖掘小城镇在自然环境、民族文化等方面的独特优势，积极吸引社会资本参与小城镇商业综合开发活动，通过让渡部分土地、税收和经营收益的方式，引导社会力量投资建设部分基础设施，以解决短期内建设资金不足的问题。

7.1.4 完善农牧区小城镇投融资金融组织体系服务功能，支持草原生态建设

内蒙古草原牧区、半农半牧区小城镇属蒙古族聚集区，人口少、规模小，基础配套设施落后，这些小城镇多数由牧业点或村庄发展而来，自然演进过程非常缓慢，可以说是内蒙古小城镇发展的一块洼地。加快牧区、半农半牧区小城镇基础设施建设的关键还是在于通过加大财政投资力度，改善现有建设资金投入力度不足的问题，同时还要通过加大金融政策支持力度、改进金融服务水平，引导小城镇因地制宜地发展民贸、畜牧等产业，繁荣发展小城镇经济，推动小城镇建设走上可持续发展道路。

一是积极争取国家对民族地区基础设施建设的财政资金支持。通过多种渠道反映内蒙古牧区、半农办牧区小城镇发展现状，积极争取国家级基

础设施建设项目，努力降低建设配套资金分担比例，推动牧区、半农办牧区小城镇基础设施建设水平实现跨越式发展。

二是充分利用国家民族贸易和民族特需商品定点生产企业财政贴息政策，协调当地人民银行、民族宗教事务委员会、财政等部门加大对牧区、半农办牧区小城镇定点企业、民贸企业利差补贴政策支持力度，扶植一批重点民贸龙头企业，带动民族区域经济发展。

三是协调当地人民银行、金融机构适当放宽支农支牧再贷款发放条件，积极探索牧区、半农半牧区“两权”抵押贷款运作模式，满足农牧民发展生态产业、畜牧业生产的资金需求，鼓励有条件的农牧民带资进城参与小城镇基础设施建设。

四是引导生态移民地区人口向小城镇集中，转变农牧民原有的生产经营方式，发展移民特色产业，拓展第三产业空间，增强小城镇金融吸引能力，加强金融基础设施建设，引导牧区金融组织创新金融产品，增加信贷投放。

7.2 依托资源优势和地方特色，探索多元化投融资体制

定位明确，产业支撑。内蒙古虽地处边远，但却是我国自然资源最为富集的地区之一，素有“东林西铁，南粮北牧，遍地矿藏”的美誉。另外，内蒙古还拥有森林、草原、沙漠、湖泊、火山、少数民族风情等多种自然景观和人文景观，旅游资源也十分丰富。总体上看，内蒙古小城镇发展潜力巨大，后劲十足，但多数小城镇目前还没有找准发展模式定位。因此，全面评估自身环境和资源状况、加快传统资源功能转换是新时期加快内蒙古小城镇发展的必由之路。地方政府应该按照“一镇一策”的原则，统一规划辖内小城镇发展模式，根据小城镇的产业和文化特点，因地制宜地发展优势特色产品、产业和相关服务行业，同时既要加大财政投入和政策支持力度，又要大力推行投融资体制改革，把基础设施建设推向市场，建立多元化投资体制，拓宽内蒙古小城镇基础设施建设投融资渠道。

7.2.1 制定优惠政策措施，安排专项资金支持小城镇基础设施建设

小城镇基础设施建设起步阶段，地方政府的财力、政策支持不仅可以迅速打开局面，同时也会给潜在的投资者带来非常大的鼓舞和信心。

在财力支持方面，应从以下几个方面入手：一是自治区层面要做好基础设施建设规划，从大、中、小城市统筹协调发展的需要出发，调整投资方向和结构，加大对小城镇，特别是特色小城镇基础设施建设资金投入力度。二是各级财政部门要进一步做好涉及小城镇建设各类专项资金的整合工作，促进财政资金集约、规范、高效使用，保障支持小城镇基础设施建设财政资金稳步增长。三是合理划分各级财政在基础设施建设方面的职责权限，明确自治区、盟市、旗县三级财政事权和支出责任，建立和完善小城镇基础设施建设成本分担机制。四是研究设立基础设施建设、配套服务设施建设及其他民生保障项目的财政补助标准，综合考虑地区差异、历史现实条件、受益人口规模等因素，合理安排自治区级重大公益性项目，加大财政转移支付力度，保障旗、县的基本财力。

在政策支持方面，一是要在小城镇基础设施建设中引入市场机制，引导和鼓励各种类型的社会资金参与到小城镇基础设施建设中来，允许社会企业、私人投资者按照“谁投资、谁受益”的原则，参与小城镇道路、供排水、通信、商业、文化娱乐等基础设施建设，在现有优惠政策的基础上，给予盟市、旗县政府一定的政策制定权，以更加合理的优惠条件吸引更多的投资者。二是允许各旗、县对小城镇基础设施建设项目收缴的各种税费采取减免或先征后返等形式，返还项目开发运营企业，以此增加项目投资吸引力。三是盟市、旗县政府要积极协商当地金融管理部门和相关金融机构，采取签署银政企战略合作框架协议等方式，解决基础设施融资难、融资贵等问题。争取政策性银行在基础设施建设贷款方面给予小城镇以大、中城市同等的优惠条件，大力扶植县域合作金融、村镇银行、小贷公司等金融机构，构建合作金融、政策性金融与商业金融相结合的农村牧

区金融市场服务体系。四是对依托国家生态移民政策开展的小城镇基础设施建设项目，要把退牧还草、生态移民、移民扩旗、阳光工程、公益林补贴、扶贫等各种项目进行捆绑和整合，加大对禁牧转移项目区的投入，减免移民小城镇基础设施建设项目各种税费。

7.2.2 发挥资源优势和特色，拓宽小城镇基础设施建设投融资渠道

按照目前的产业形态划分，内蒙古小城镇基本可划分为工业、农牧业、旅游、物流、商贸、口岸、文化等类型。产业形态不同，其潜在的社会投资者也有所不同，地方政府在招商引资过程中，应注意结合小城镇业态类型，有针对性地接洽境内外社会企业，搭建结构调整和转型升级新平台，激发企业的投资热情和居民的消费愿望，在休闲农牧业、大数据、旅游观光等领域，建设70个左右集产业链、投资链、创新链、人才链、服务链于一体的特色小镇。

（1）现代农牧业型小镇

内蒙古草原面积为13亿亩，耕地面积为1.1亿亩，人均耕地面积为4.3亩，草原、人均耕地面积居全国首位，发展农牧业的条件得天独厚。从地理位置分布来看，东部四盟市、土默川平原、河套平原均为重要的粮食主产区，呼伦贝尔草原、科尔沁草原、锡林郭勒草原、鄂尔多斯草原等均为优质肉类产区。这些地区小城镇的农牧业在地区经济发展中发挥着重要的作用，要积极引进区内外粮食生产及肉类、乳制品加工龙头企业，突出发展特色种植、养殖业，发展生态农业、设施农牧业、光伏农业，同时提供农牧业观光、体验等多项休闲服务，形成以提高农牧民收益为目的的农牧业综合经营形态，通过建设现代园区建设投融资方式发展基础设施。

（2）加工制造型小镇

与东部发达地区相比，内蒙古小城镇在发展制造业方面不具有人才、资金和技术优势，但很多小城镇在矿产资源、绿色农畜产品、传统民族手

工业加工制造方面却独具优势。在这些资源富集地区，小城镇建设应以资源为依托，发展具有比较优势的特色加工制造业，如绿色农产品、生鲜肉类、奶制品、绒毛制品、民族手工艺品，积极吸引和利用区内外社会资金、技术改造现有企业，打造一批区内外名优品牌，培育一批特色产业园区，以园区建设带动小城镇基础设施建设，解决小城镇建设资金不足的问题。

（3）文化旅游型小镇

内蒙古发展旅游业具有资源相对优势和区位竞争优势，同时也符合国内当前的产业变革和市场需求趋势。“十三五”期间，内蒙古确立了实施全域旅游、四季旅游的发展战略，重点打造开发草原、森林、沙漠、冰雪、边境、民族风情等旅游文化产品。大力发展旅游业，为内蒙古旅游型小城镇发展带来了前所未有的契机，这类小城镇可以将景区建设与城区建设相融合，引入旅游开发企业，在打造经典景区的同时，发展商业、交通、通信及综合服务设施，增强小城镇的集聚能力和基础设施投资力度。

（4）商贸物流型小镇

借助“互联网+”，重点发展采购、贸易、仓储、加工、配送、金融、信息等功能于一体的现代商贸物流业。依托特色农畜产品资源，壮大批发市场，培育农业贸易特色镇。发挥交通区位优势，发展建材、生活日用品批发市场，建设区域商品集散地。围绕综合物流产业园区建设综合物流小镇。

（5）大数据小镇

依托云计算数据中心，在呼和浩特市、赤峰市、锡林郭勒盟、乌兰察布市、包头市等地，培育一批标准化、品牌化、规模化、服务型龙头企业和云计算配套企业，加强大数据服务、公共信息服务平台建设，配套建设数据加工基地、大数据产业园、数据出口基地和生活设施，到2020年，打造成立足内蒙古、服务京津冀、辐射全国的云计算数据中心和国家级云计算大数据产业基地。

(6) 边疆口岸小镇

内蒙古小城镇基础设施建设中要注重建立与丝绸之路经济带建设相适应的城镇化发展，依托中、蒙、俄经济走廊对基础设施的支持吸引资金。以国际交通运输、国际贸易流通、外向型制造业和国际旅游基地为方向，着力释放开发开放潜力，优化提升城镇综合服务功能，提高产业和人口的集聚程度，重点发展国际贸易、现代物流、跨境旅游、科技会展等服务业和进出口加工制造业，使之建设成为沿边经济带的重要支撑。

7.2.3 健全“三少民族”、扶贫开发连片地区小城镇基础设施建设资金保障机制

内蒙古地处边疆民族自治地区，除作为主体少数民族的蒙古族外，还有鄂伦春族、鄂温克族和达斡尔族等3个人口较少的民族旗县，另外，2012年在国家确定的新阶段扶贫攻坚重点连片开发区中，兴安盟5个旗县、乌兰察布市3个旗县分别被划入了大兴安岭南麓山片区、燕山—太行山片区。“三少民族”地区和扶贫连片开发区由于历史基础和自然禀赋等原因，经济社会发展在全区处于落后水平，基础设施条件相对较差。近年来，国家和自治区政府高度关注“三少民族”地区和扶贫连片开发区经济社会发展，在政策财力上给予了非常大的倾斜，其中基础设施建设是国家帮扶的重点内容。这些地区要抓住国家和自治区扶贫开发战略的大好机遇，了解和掌握本地区生态建设和生产建设的实际需求，做好前期规划，抓好项目承接落地工作，要充分发挥好财政补助资金的启动助推作用，优先发展水电、道路、广播通信、供暖、垃圾污水处理等基础公共服务设施，为改善地区经济营造良好的条件。同时也要坚持依靠自身力量，发挥资源优势和区位优势，在发展特色产业的基础上，提高第三产业在地区经济中的比重，增强小城镇的集聚能力，带动周边剩余劳动力转移就业，使小城镇经济走上可持续发展道路，保证基础设施建设有稳定的资金来源。

7.3 转变政府职能，明确小城镇基础设施建设投融资管理主体责任

良好的投资环境是小城镇基础设施建设有效吸引社会投资的基础，地方政府在投资环境改善的过程中发挥着重要的引导和示范作用。当前阶段，解决好内蒙古小城镇基础设施建设投资环境问题的关键在于地方政府如何适应经济发展需要，适时转变职能，由过去的基础设施建设投资者、建设者的角色，转换为投融资环境的管理者、引导者和组织者，更好地发挥自身的宏观调控作用。要通过旗县政府机构和管理体制改革，进一步完善投融资管理体制机制，赋予小城镇更多的管理权限，将能够下放的审批职能依法下放到小城镇，使小城镇在开展基础设施建设过程中能够实现权责对等。同时，还要设立负责小城镇基础设施建设管理的职能部门，明确相关机构及人员的工作内容、职责权限，使小城镇基础设施建设各项具体管理事务有明确的责任主体。

7.3.1 明确各级政府之间的职责权限，建立和完善地方政府权力清单制度

（1）实行小城镇基础设施建设“两级政府、两级管理”模式。一方面，自治区层面要成立小城镇基础设施建设综合协调机构，统筹发展改革、财政、城乡建设、国土资源、环境保护、扶贫、民族事务等多个部门的职能，对小城镇基础设施建设项目规划、融资方案、建设施工、运营模式等进行审批管理，对地方政府举债建设项目运营偿还能力进行评价和风险控制，对全区小城镇基础设施建设项目融资承担最后债务人的职责。另一方面，开展小城镇基础设施建设的旗县政府也要成立专门的管理机构，负责本行政区内小城镇基础设施建设项目方案设计、可行性论证、申报立项、信息披露，以及协调地方层面政府各职能部门综合事务。实施小城镇

基础设施建设两级管理，不仅可以加强统筹规划力度，提高基础设施建设效率，同时也能有效防止地方政府为追求政绩，“一窝蜂”式地铺摊子、上项目，将投资风险控制在财力可承受的范围之内。

（2）建立和完善镇政府权力清单制度。加强小城镇基础设施规划工作，探索强镇扩权赋能、实现事权财权匹配，建立和完善地方政府权力清单制度。根据《内蒙古自治区小城镇规划建设管理条例》等作为职权依据，设置职权项目清单，同时按责任项目、追责情形、追责依据和追责形式完善责任清单。依据《内蒙古自治区城镇体系规划（2015—2030）》的空间管制，城乡规划主管部门对镇城乡规划进行审查，同时也是各部门行业规划落实、衔接本规划的基本依据。盟市总体规划、旗县（市）总体规划、镇总体规划以及风景名胜区规划须划定对应的管制界线，明确管制范围内的控制、协调与引导等管理细则。具有区域影响的重大基础设施以及在重要生态功能区、区域性基础设施通道、基础设施重大节点地区和对区域自然资源、区域人文资源保护产生重大影响的建设项目，均应符合空间管制要求。确定禁止建设区、限制建设区的范围，涉及城市绿地、水系、文物和基础设施用地的，分别按照“绿线”“蓝线”“紫线”和“黄线”管理办法的要求，在下位城乡规划中予以落实。

7.3.2 整合政府内部职责，建立各部门分工负责的投融资管理机制

地方政府各职能部门密切配合、分工协作是小城镇基础设施建设投融资管理高效运行的基本前提。旗县政府应组织成立由财政、城乡规划、发展改革、国土资源、环境保护、交通、水利、农林牧等部门组成的基础设施规划编制与投融资管理专门议事协调机构，明确各部门在基础设施建设及投融资管理工作中的职责和工作流程。由城乡规划部门整合各类专项规划和建设项目、确定开发时序，发展改革部门对建设项目进行核准、备案，项目实施部门负责具体建设管理工作，国有资产管理部门负责经营性基础设施建设投融资活动和运营管理，财政部门负责非营利性建设项目资

金筹集、投资和债务偿还，建立专门的债务预算，接受同级人大监督。

旗县政府要依据《内蒙古自治区城镇体系规划（2015—2030）》《内蒙古自治区小城镇规划建设管理条例》以及本行政区内小城镇总体发展规划，把小城镇基础设施建设及投融资管理工作纳入重点民生工作范畴，加大监督、指导和协调力度，出台具体考核管理办法，对涉及民生和安全领域的交通、管网、供排水、生活垃圾处理、消防等重点建设项目推进情况加大考核力度，对基础设施投融资效率低下的政府负责人进行约谈，限期整改，依法追究相关责任。

7.3.3 转变政府职能，营造市场环境

经济水平、区位条件、资源禀赋等因素是小城镇基础设施建设的重要影响因素，除此以外，开放、宽松的市场政策环境也会对小城镇基础设施建设产生加速和助推作用。长期以来，内蒙古小城镇基础设施主要以政府投资、建设和运营为主导，一直处于缓慢发展状态。新的发展阶段，必须转变政府职能，理清政府宏观政策引导、微观事务管理的界限，加快机制体制创新，激发市场活力，将有限的财政资金与潜力巨大的社会资金相结合，形成加快小城镇基础设施建设的合力。

在宏观管理方面，政府的主要作用在于以下几个方面：一是及时、准确的小城镇基础设施建设相关信息，为潜在投资者提供决策依据；二是加强政策引导，在职权范围内出台税收、土地等方面优惠政策，增强小城镇基础设施建设项目投资吸引力；三是发挥投资导向作用，通过政府投资、政企合作等形式降低投资风险，增加社会企业基础设施投资信心；四是调整利益分配，采取财政贴息、税费返还、特许经营等多种形式，保证投资收益，调动民营资本参与小城镇基础设施的积极性。

在微观管理层面，政府的作用主要反映在服务功能方面：一是做好基础设施需求预测和规划服务，合理引导社会资本预期；二是整合各级各部门审批事项，改进政府部门服务水平，提高建设项目办事效率；三是创造公平、公正的市场环境，保证参与小城镇基础设施建设的各类生产要素自

由、充分竞争；四是加强运营监管，防止社会企业利用基础设施运营垄断地位损害社会公众利益。

7.3.4 推进配套改革，建立投资风险管控机制和融资激励机制

小城镇基础设施建设具有投资规模大、资金回收期长、投资回报率低等特点，投资不确定性较高、风险较大，为了保证投资者的合理权益，必须要建立投资风险管控机制。否则，将不会有企业和个人把资金投入到利润低、风险大的小城镇基础设施建设市场。为此，内蒙古应该从多方面入手，采取有效措施降低投资风险：一是努力创造相对宽松的投融资环境，通过加大地方立法的形式，明确小城镇基础设施各行为主体的权利和义务，规范其投融资行为。二是建设公开、透明的监管机制，维护投融资市场运行秩序，充分利用证券市场降低融资成本。三是采用风险评估等技术手段加大建设项目可行性研究和风险预警监测，为投融资市场提供建设性意见。

另外，在积极扩大基础设施融资渠道的同时，还要对建设资金“借、用、还”等3个环节进行规范，增强融资激励机制，提高融资效率，使融资制度设计与实际执行者的目标价值相一致。具体到内蒙古小城镇基础设施融资，应注意把握好两点：一是保持小城镇基础设施建设事权主体与融资主体的一致性，即建设资金“借、用、还”主体一致，约束地方政府的过度举债行为。二是保持资金投入方向与偿债资金来源的一致性。保证偿债资金来源以小城镇基础设施运营后产生的直接或间接收入为主，如经营性项目运营收入、公益性项目带来公共服务改善进而产生的税收及土地增值收益等。

7.4 投资基金化，健全财政资金可持续介入的投融资扶持方式

投资基金化是重要的创新，基金要平衡好股权投资和债权投资，设计更加灵活多样的投资参与方式，要鼓励和进一步探索政府性资金的基金

化；城市中心要加强总结地方投融资的创新经验和模式，发掘地方政府需求，发挥好平台的作用，促进地方政府与金融机构有效对接。

7.4.1 引入小城镇基础设施产业基金

基础设施的公共物品属性决定了财政性资金必然是其主要的投资来源，但财政资金的有限性又决定了其不能覆盖全部的基础设施建设。只有发挥财政资金的导向作用，充分激活市场力量，基础设施建设项目资金来源才能得到更充分的保障。在财政资金基金化模式下，政府出资成立实体经济组织，由其代表政府作为项目发起人，整合社会企业和个人资金共同设立小城镇基础设施产业基金，该基金委托专业化的基金管理公司负责运作，基础设施建设项目形成市场化经济实体，按照自主经营、自负盈亏的原则独立运行。在这种模式下，政府仅以出资额对建设项目实体承担有限责任，而政府则通过采用BT、BOT等模式实现了从基础设施建设者到购买者的角色转变。相对于传统基础设施建设项目政府全额出资、成立专门机构管理的模式，基金化模式具有3个方面的明显优势：一是以市场化制度约束财政投资行为，有利于发挥财政资金的引导作用。二是经济实体运作机制激励约束效果更加明显，有利于提高经营管理效率。三是多方入股不仅扩大了基金规模，同时也促进了基金投资主体的多元化。

7.4.2 探索设立自治区、盟市政府基础设施开发基金

融资瓶颈是目前阶段小城镇基础设施建设遇到的最大挑战。由于小城镇不能独立行使财政权，只能依靠上级财政拨款开展基础设施建设。在自筹资金方面，由于不具备法人资格，难以通过银行借贷方式筹措建设资金，而基础设施项目实体因资信等级和担保抵押等条件制约也很难直接向公开市场筹集资金。随着国家和自治区对于小城镇在推动工业化、城镇化和农业现代化，实现城乡统筹协调发展过程中重要作用的认识程度不断提高，小城镇基础设施融资难问题日益受到关注，近年来出台的各项指导意见中对创新融资方式、拓宽融资渠道都作了安排和部署。与基层政府相

比，自治区和盟市两级政府更有条件发起设立小城镇基础设施开发基金，能够以相对较低的价格募集社会资金。开发基金可以通过委托贷款和入股产业基金的方式投向管辖范围内的小城镇基础设施建设项目。与一般性转移支付相比，上级政府开发基金可以起到种子资金的作用，以此来吸引社会资金和银行贷款，同时，对于增强地方政府资信水平、分散部分风险、提高项目财务可行性也将起到一定的促进作用。

7.4.3 着力完善小城镇基础设施投资基金

（1）明晰基金定位和规模。坚持“政府引导，市场运作、科学决策、严格管理”的原则，积极对接国家和内蒙古自治区重要基础设施投资基金，逐年向基础设施投资基金注入资金，同时，积极吸收银行、投资公司和民间资本，逐步形成一定规模的县域基础设施投融资平台。

（2）确定资金来源和投向。资金来源可包括省市级财政资金，部门专项资金，企业、投融资公司和民间资本。成立小城镇基础设施投资基金管理委员会，运作及管理基金。基于市场规则，以公开、公平、公正的方式确定基金参股投资项目和投资比例，将基金投向县域范围内的小城镇基础设施建设。完善基金退出机制，对于基金参股所形成的股权，可在项目运行稳定后优先转让给其他社会投资人或者公开出售股权；如项目条件允许，可考虑通过上市的方式实现退出。

（3）完善基金组建保障机制。通过建立金融专家网络智库、开展专业培训等方式，完善基金运作和管理的人才队伍建设；健全投资激励机制和全过程监管制度，建立完善的评估制度、创新财政管理制度，合理确定基金投资规模和方向，科学保障基金运行。

7.5 完善小城镇基础设施建设 PPP 应用机制

长期以来，内蒙古小城镇基础设施发展建设一直存在财政投入不足甚至入不敷出的问题。加强小城镇基础设施投融资机制体制创新、拓宽融资渠道，关键还是在于发挥市场的资源配置作用，强化政府的引导和服务保障作用，积极引入社会资金和民间资本，发挥社会企业在小城镇基础设施投资建设中的主体作用。近年来，政府和社会资本合作 PPP 模式的提出，为打破内蒙古小城镇基础设施建设融资瓶颈问题提供了一个新的路径选择。在此模式下，政府部门要加快推进小城镇基础设施市场化改革步伐，逐步放开小城镇供排水、道路、供电、燃气、绿化、垃圾处理等基础设施建设及运营市场，对于能够取得合理回报或有一定投资回收能力的经营性基础设施项目，采取 BT、BOT、TOT 等多种形式，吸引和带动社会资本平等参与小城镇基础设施的投资、开发、建设和运营。在条件成熟的地区，可以吸纳科研设计、建筑施工、工业制造企业与金融机构相结合，成立具备基础设施综合开发能力的联合体，采用总承包（EPC）方式组织实施小城镇基础设施建设项目。政府则集中力量专注于非经营性基础设施项目，并在市场准入和政策扶持方面积极营造公开、公平的市场环境。

7.5.1 完善基础设施建设 PPP 模式应用的政府监管机制

（1）建立政府职能部门联席会议制度

为保证 PPP 模式的高效运转，自治区层面应建立政府职能部门联席会议制度，通过定期召开部门联席会议，协商解决 PPP 模式融资过程中出现的有关交易流程、平台建设和收费定价等问题，可综合运用财政、税收、价格监管等措施，维护全区 PPP 融资模式的规范、有序运行。各级政府部门应全面了解 PPP 融资模式对加快基础设施建设、推进新型城镇化的重要作用，跟踪本级政府、本部门参与的 PPP 融资项目进展。旗县政府应成立专门机构，负责本行政区内小城镇基础设施 PPP 融资项目评审、组织协调和检查督导工作，简化审批流程，提高工作效率。项目落地后，政府或其指定的有关职能部门可作为项目实施机构，负责项目的准备、采购、监管和移交等工作。

（2）完善责任追究制度，确保 PPP 融资模式应用过程中政府责任的落实

采用 PPP 融资模式，旗县政府应事先明确各职能部门及乡镇（苏木）

政府在项目实施过程中的工作职责，形成规范的制度性文件，按照职责开展内部监督。旗县及乡镇（苏木）政府要切实履行管理职责，从市场准入、资信等级、服务水平等方面对 PPP 模式投资主体加强管理。必要时也可采取引入社会中介组织评估、社会公众监督等方式确保 PPP 融资项目规范运行，防止在基础设施建设过程中，各职能部门工作懈怠、监管缺位，因资金问题影响项目建设的进度。

7.5.2 完善基础设施建设 PPP 模式应用的权力监督机制

PPP 模式的基本规则是政府和社会资本合作，为了保证这种合作的公平性，必须要对政府的权力进行规范和约束，对社会资本提出适当的条件限制。为此可研究和制定小城镇基础设施建设 PPP 模式运作“权力清单”“负面清单”“责任清单”，创新县（市）及乡镇基础设施建设 PPP 模式应用的权力监督机制。

（1）政府权力清单。按照 PPP 模式运行过程中政府部门所起到的作用和角色定位，各级政府要对本级职能部门审批、监管和服务职能加以限定和明确，公布本级政府权力清单，将各级政府及其职能部门在实施 PPP 模式开展基础设施建设过程中的权力和责任限制在法律框架范围内，规范其履职行为。各级各部门工作人员必须根据授权行使权力，未经授权的行政行为属于无效或违法行为。

（2）制定 PPP 模式准入行业、准入主体的负面清单。小城镇基础设施的公共物品属性决定了其融资方式的选择，因此，有必要对 PPP 模式能够进入的行业领域进行划分。同时，为了保证 PPP 模式能够有效运行，也有必要对其参与主体作出适当的限定。在 PPP 模式准入行业负面清单制定上，应对基础设施所属行业领域进行细分，明确哪些具体行业不适宜或不能采用 PPP 模式、社会资本不能进入，而在清单项目外的行业或领域，市场主体均可不受限制地依法平等进入。在 PPP 模式准入主体负面清单制定上，要综合考虑参与主体的规模、性质、财务状况、技术实力、信用记录等综合条件，明确规定哪些类型企业不能参与本行政区小城镇基础设施

PPP 模式建设项目，而对于清单以外的各类市场主体均可依法平等进入，以确保 PPP 模式运作的公平和有序。

（3）制定 PPP 模式应用的法定责任清单。基础设施建设 PPP 模式环节多、过程复杂，参与各方不可避免地会出现一定的违法违规行为。对于尚处在推广试点阶段的 PPP 模式而言，没有有效的事前、事中、事后监管，则很难控制市场主体的趋利行为，会导致 PPP 模式应用归于失败。因此，有必要以责任清单形式对政府权力清单和负面清单中的违法责任作出事前公示，明确违法责任，同时也可对照责任清单对各参与主体行为进行事中监管和事后处罚，只有辩证地看待“监管”与“放权”的关系，才能在公共事业领域持续应用 PPP 模式。

7.6 推进开发性金融，落实供给侧改革，完善投融资管理体制

小城镇是促进城乡协调发展最直接、最有效的途径，在推进经济转型升级、绿色低碳发展和生态环境保护等方面发挥着重要作用。小城镇的建设需要金融机构的大力支持。开发性金融支持是推动小城镇建设的重要手段。各级住房城乡建设部门、国家开发银行各分行要充分认识开发性金融支持小城镇建设的重要意义，加强部行协作，强化资金保障，全面提升小城镇的建设水平和发展质量。内蒙古应加大开发性金融力度，加快对特色小镇的培育，打造“生态、休闲、宜居”的草原特色小城镇。优先支持重点镇的特色培育，探索创新小城镇建设投融资管理体制，充分发挥市场主体作用，打造一批具有示范意义的小城镇建设项目。

7.6.1 完善内蒙古小城镇基础设施项目储备库

国家开发银行内蒙古分行将依据内蒙古小城镇总体规划，以效益先导为原则，按轻重缓急进行项目排序、统筹，编制融资规划时突出重点，根据具体项目的融资需求，对项目的融资方式和融资总量进行合理安排。

各旗、县住房城乡建设部门对于本地区的小城镇总体规划结合国开行的意见及时进行编制或修订，根据小城镇的实际情况建设项目库和年度建设计划，将要建设的项目进行统筹，根据基础设施建设项目的属性确定其建设的融资方式和融资规模。同时，内蒙古各旗县住房城乡建设部门要将本地区小城镇基础设施建设项目与国家开发银行内蒙古分行的项目安排进行对接和重点推荐，并将筛选出的项目报省级住房城乡建设部门备案，省级住房城乡建设部门汇总后将项目信息录入全国小城镇建设项目储备库推荐备选项目。

7.6.2 加强信贷支持，优先提供小城镇基础设施储备库项目贷款

国家开发银行内蒙古分行对于进入小城镇基础设施项目储备库的项目要同内蒙古自治区住房城乡建设（规划）部门进行协商，共同确定小城镇建设的投资主体、投融资方式等，为基础设施建设提供贷款支持做铺垫。内蒙古小城镇基础设施建设项目储备库建设完善后，认真遴选基础设施项目，对于纳入项目库的优先推荐项目，在符合贷款条件的情况下，国家开发银行优先为其提供中长期信贷支持。

7.6.3 创新融资方式，提供综合性金融服务

开发性金融在支持小城镇发展与支持其他区域和产业发展时，因服务对象存在较强的地域性和特殊性而存在明显的差异。国家开发银行内蒙古分行应积极为小城镇建设提供综合金融服务，发挥“投、贷、债、租、证”的协同作用。在推动项目落地上，根据项目的具体情况，采用多样化的融资方式如政府和社会资本合作（PPP）、政府购买服务、机制评审等方式。并且对于小城镇基础设施建设项目中涉及特许经营权、收费权和购买服务协议下的应收账款质押等担保类贷款业务，国开行应给予大力支持。同时，鼓励大型央企、优质民企以市场化模式支持小城镇建设，提供小城镇基础设施建设与发展中长期政策性贷款。支持有条件的示范镇设立

创业投资引导基金、村镇银行和小额贷款公司，发行重点建设项目企业债券，并应考虑内蒙古小城镇基础设施项目的生态环境保护功能发行绿色债券。

7.6.4 建立工作协调机制，保障投融资管理体制顺畅运行

根据住房城乡建设部和国家开发银行在共同推进小城镇建设战略合作框架协议中的部行工作会商制度合作模式，国家开发银行内蒙古分行和内蒙古住房城乡建设厅应尽快建立工作协调机制，提高项目建设融资中存在的信息不对称问题，打造小城镇建设信息共享平台，建立小城镇基础设施建设反馈机制。

7.7 发展内蒙古绿色债券市场，完善投融资特色制度

内蒙古自治区是我国的生态功能区，生态环境质量关系到人民的生产和生活以及内蒙古的可持续发展。因此，在小城镇基础设施建设中要注重绿色、低碳、循环、集约发展，强化环境保护与生态修复，考虑保护草原生态的需要，因地制宜地完善小城镇基础设施市场化投融资体制，探索内蒙古绿色债券市场的发展，满足投资者的绿色投资需求。

内蒙古小城镇绿色基础设施建设要充分利用绿色债券融资工具，促进绿色债券市场发展。通过绿色债券筹集的资金主要用于完善绿色项目融资或再融资如环境保护、可持续发展以及减缓和适应气候变化等。具体投资领域包括可持续交通、可再生能源、生物发电、水利、小城镇垃圾及污水处理、在建筑和工业领域的能源效率改进等绿色基础设施项目。内蒙古要建立绿色重点项目名单，对于绿色城镇化以及生态环境治理等期限较长、现金流稳定的绿色领域，诸如绿色交通、污水处理、清洁能源等要给予大力的支持，将这些项目遴选后纳入重点绿色项目名单，通过给予贴息和风险补偿等手段鼓励有商业可持续性的企业和项目发行绿色债券或项目支持票据，引导社会资本为绿色转型服务。

利用国家开发银行内蒙古分行开发性金融的定位、理念、多服务品种等优势，通过开展绿色信贷、发行绿色债券、配合绿色贴息等，在财政支持、金融基础设施建设、法律保障等方面开展绿色金融工作，为节能环保和生态治理提供金融服务支持。2016 年 12 月，中国西部首单绿色金融债券落地内蒙古乌海银行，发行 5 亿元绿色金融债券募集到的资金，将全部投向内蒙古乌海市前期遴选出的绿色产业项目库中涉及的 33 个资源节约与循环利用、污染防治、清洁交通、清洁能源、节能等 5 大类项目，将进一步优化乌海地区产业结构及提升小城镇基础设施水平，增强金融支持绿色项目发展的能力，完善内蒙古投融资特色制度建设。

参考文献

［1］巴曙松．新阶段城镇化带来投资需求［N］．经济参考报，2013-04-25.

［2］沈茂华．少数民族地区人口城镇化问题研究——以四川藏区为例［J］．西藏研究，2010（5）.

［3］程哲，欧阳如琳，杨振山，等．中国城镇化进程中基础设施投融资时空格局与发展特征［J］．地理科学进展，2016，35（4）：440-449.

［4］沈荣华．政府间公共服务职责分工［M］．北京：国家行政学院出版社，2007.

［5］邓淑莲．中国基础设施的公共政策［M］．上海：上海财经大学出版社，2003.

［6］邓淑莲．基础设施与经济发展关系探析［J］．山东财政学院学报，2001（4）：33-38.

［7］丁向阳．城市基础设施投融资理论与实践［M］．北京：中国建筑工业出版社，2015.

［8］傅超．特色小镇发展的国际经验比较与借鉴［J］．中国经贸导刊，2016（11）：34-35.

［9］范九利，白暴力，潘泉．基础设施资本与经济增长关系的文献综述［J］．上海经济研究，2004（2）：36-43.

［10］高培勇．城市财政管理［M］．北京：经济科学出版社，2002.

［11］辜胜阻，刘江日，曹誉波．民间资本推进城镇化建设的问题与对策［J］．当代财经，2014（2）：5-11.

[12] 郭军华，倪明，李帮义．基于三阶段 DEA 模型的农业生产效率研究［J］. 数量经济技术经济研究，2010（12）：27-38.

[13] 郭兴平，王一鸣。基础设施投融资的国际比较及对中国县域城镇化的启示［J］. 上海金融，2011（5）：22-27.

[14] 赫希曼．经济发展战略［M］. 北京：经济科学出版社，1991：73-74.

[15] 胡海峰，陈世金．创新融资模式化解新型城镇化融资困境［J］. 经济学动态，2014（7）：57-69.

[16] 胡宗义，鲁耀纯，刘春霞．我国城市基础设施建设投融资绩效评价——基于三阶段 DEA 模型的实证分析［J］. 华东经济管理，2014（1）：85-91.

[17] 黄少卿，施浩，等，著．基础设施投资资金来源、投资效率与地方政府财政风险［M］. 上海：上海人民出版社，2014.

[18] 黄芳芳．以 PPP 模式打造特色小镇［J］. 经济，2016（35）：68-71.

[19] 贾康，孙洁．城镇化进程中的投融资与公私合作［J］. 中国金融，2011（19）：47-52.

[20] 贾康，赵全厚，刘军民，等．城镇化进程中的地方政府融资研究［J］. 经济研究参考，2013（13）：3-25.

[21] 蒋时节，周俐，景政基．分类基础设施投资与城市化进程的相关性分析及实证［J］. 城市发展研究，2009，16（9）：61-64.

[22] ［法］魁奈．魁奈经济著作选集［M］. 北京：商务印书馆，1979：349-350.

[23] 孔祥智，盛来运．中国小城镇发展报告（2009）［M］. 北京：中国农业出版社，2010.

[24] 柯永建，赵新博，王盈盈，等．民营企业发展基础设施项目的 SWOT 分析［J］. 商业研究，2008（12）：7-11.

[25] ［奥地利］罗森斯坦-罗丹．“大推进”理论笔记［M］//载 H·

S. 埃利斯．拉丁美洲的经济发展．纽约：圣马丁出版社，1966.

［26］［美］罗根纳·纳克斯．不发达国家资本的形成问题［M］．谨斋，译．北京：商务印书馆，1966.

［27］刘家凯，岳桂宁，何晓晶，范祚军，等．地方政府投融资管理体制改革研究［J］．经济研究参考，2012（7）：4-12.

［28］刘尚希．新型城镇化中的财政支出责任［M］．北京：经济科学出版社，2015.

［29］李嘉荣，王钟．西部城市化与基础设施投融资效率分析［J］．探索，2005（6）：144-148.

［30］李强，陈宇琳，刘精明．中国城镇化"推进模式"研究［J］．中国社会科学，2012（7）：82-100.

［31］李玉龙．中国基础设施投资绩效研究［M］．北京：经济科学出版社，2013.

［32］刘立峰．地方政府投融资及其可持续性［M］．北京：中国发展出版社，2015.

［33］李晓鹏．地方政府投融资模式研究［M］．北京：机械工业出版社，2014.

［34］路遇．研究城镇迁入人口的几点启示［J］．人口学刊，1989（2）.

［35］李婵娟．公共基础设施投资效应研究——基于区域差异的视角［M］．北京：经济科学出版社，2014.

［36］罗雨泽．一带一路基础设施投融资机制研究［M］．北京：中国发展出版社，2015.

［37］冷哲．我国农村公共产品供给效率区域差异研究［J］．农业技术经济，2016（5）：80-91.

［38］马保国．呼和浩特市财政调研报告集（2014—2015）［R］．2015.

［39］梅世文．小城镇发展的国际经验与模式——兼论开发性金融对小城镇发展的支持［J］．社会科学导刊，2006（3）：111-115.

［40］［日］南亮进，景文学，关权．经济发展的转折点：日本经验

[M]. 关权，译. 北京：社会科学文献出版社，2008.

[41] 逄金玉，蒋三庚. 中国城镇化建设与投融资研究 [M]. 北京：中国经济出版社，2014.

[42] 潘宏胜，黄明皓. 部分发达国家基础设施投融资机制及其对我国的启示 [J]. 经济社会体制比较，2014 (1)：24-30.

[43] 彭清辉. 我国基础设施投融资研究 [M]. 长沙：湖南师范大学出版社，2012.

[44] [美] 萨瓦斯，E. S. 民营化与公私部门的伙伴关系 [M]. 周志忍，译. 北京：中国人民大学出版社，2002.

[45] 石亚东，李传永. 我国城市基础设施投融资体制改革的难点分析 [J]. 中央财经大学学报，2010 (7)：62-65.

[46] 孙慧，王媛. 基于 DEA 的 Malmquist 指数在城市基础设施投资效率评价中的应用 [J]. 科技进步与对策，2008 (10)：97-99.

[47] 宋艳丽. 开发性金融支持小城镇发展的策略研究 [J]. 农业经济问题，2014 (1)：61-65.

[48] 宋清，胡雅杰. 京津沪农村基础设施投资效率的比较研究——基于 DEA 方法的实证分析 [J]. 东北财经大学学报，2011 (9)：28-33.

[49] 世界银行. 1994 年世界发展报告：为发展提供基础设施 [M]. 北京：中国财政经济出版社，1994.

[50] 谭俊涛，张平宇，李静. 三江平原垦区基础设施建设对区域城镇化的影响 [J]. 地理研究，2014，33 (3)：501-508.

[51] 王守清，柯永建. 特许经营项目融资（BOT、PFI 和 PPP）[M]. 北京：清华大学出版社，2008.

[52] 王守清，柯永建. 中国的 BOT/PPP 实践和经验 [J]. 投资北京，2008 (10)：82-83.

[53] 王雍君，黄占俊. 地方政府投融资研究——基于庆阳的探索 [M]. 北京：经济科学出版社，2009.

[54] 王雍君，陈灵. 城市投融资管理研究 [M]. 北京：经济科学出

版社，2012.

［55］温来成．政府间公共服务职责划分及其财政管理体制支持问题研究［J］．中国行政管理，2011（10）：53-56.

［56］温来成，张琦．城镇公共设施投资体制改革及其财政政策选择［J］．中央财经大学学报，2005（2）：14-16.

［57］温来成．城市基础设施建设与地方政府财政投融资管理体制问题研究［C］//中国行政管理学会2011年年会暨“加强行政管理研究，推动政府体制改革”研讨会论文集，2011：555-559.

［58］王元京，张潇文．城镇基础设施和公共服务设施投融资模式研究［J］．财经问题研究，2013（4）：35-41.

［59］伍文中．基础设施投资效率及其经济效应分析——基于DEA分析［J］．经济问题，2011（1）：41-45.

［60］王元京．中国基础设施建设应该注意什么：美国、加拿大基础设施建设对中国的启示［J］．经济视角，2003（8）：27-30.

［61］万冬君，王要武，姚兵．基础设施PPP融资模式及其在小城镇的应用研究［J］．土木工程学报，2006（6）：115-119.

［62］吴庆．政府在基础设施投资中应该发挥的作用［J］．财政研究，2001（2）：58-60.

［63］王谦，李超．基于三阶段DEA模型的我国财政支农支出效率评价［J］．财政研究，2016（8）：66-77.

［64］吴树波，谭畅．湖南省小城镇建设投融资机制探索［J］．特区经济，2006（11）：205-206.

［65］鲜祖德，孔祥智．中国小城镇发展报告（2005—2006）［M］．北京：中国农业出版社，2006.

［66］谢长青．小城镇公共基础设施地区差异与聚集规模研究［M］．北京：中国农业出版社，2012.

［67］薛晓阳．霍华德社会城市理论及其教育遗产——关于小城镇伦理建构及其新农民教育的启示［J］．南京师大学报（社会科学版），2014

（1）：95-102.

［68］项英辉，笪可宁．基础设施投融资——结构 安全 创新［M］．北京：中国电力出版社，2016.

［69］［英］亚当·斯密．国民财富的性质和原因的研究［M］．谢祖钧，等，译．武汉：中南财经大学出版社，2003.

［70］袁中金．中国小城镇发展战略［M］．南京：东南大学出版社，2007.

［71］叶世绮，颜彩萍，莫剑芳．确定 DEA 指标体系的 B-D 方法［J］．暨南大学学报（自然科学与医学版），2004（3）：249-255.

［72］叶世绮，王辉．多阶段 DEA 模型中决策单元的同质性探讨［J］．统计与信息论坛，2012（2）：15-21.

［73］余华，彭程甸．县域基础设施建设 PPP 模式的应用基础与机制创新［J］．湖南财政经济学院学报，2015（8）：5-16.

［74］张伟．城市基础设施投融资研究［M］．北京：高等教育出版社，2005.

［75］朱厚玉．小城镇建设投融资机制比较借鉴［J］．财政研究，2012（12）：56-58.

［76］张秀利，祝志勇．城镇化对政府投资与民间投资的差异性影响［J］．中国人口资源与环境，2014（2）：54- 59.

［77］张定青，孙亚萍，郭伟．基于生态与人文理念的小城镇特色规划设计策略——以陕南小城镇为例［J］．城市发展研究，2017（1）：56-62.

［78］詹卉．基础设施生命周期理论与投融资 PPP 模式研究［J］．地方财政研究，2014（1）：63-67.

［79］詹卉．基础设施合作供给理论与 PPP 机制创新研究［M］．上海：立信会计出版社，2015.

［80］张洁，郭小锋．德国特色小城镇多样化发展模式初探——以 Neu-Isenburg，Herdecke，berlingen 为例［J］．小城镇建设，2016（6）：97-101.

［81］赵之枫，戴俭，张建．新型城镇化背景下北京小城镇的转型与

发展［J］. 北京规划建设，2014（6）60-64.

［82］张颖，王振坡，杨楠．美国小城镇规划、建设与管理的经验思考及启示［J］. 城市，2016（7）：72-79.

［83］赵秀清，白永平．以小城镇建设推动县域经济发展研究——以内蒙古为例［J］. 内蒙古师范大学学报（哲学社会科学版），2015（4）：131-134.

［84］张天浩．丁伯康：PPP 模式助力特色小镇战略落地［J］. 经济，2017（1）：53-54.

［85］Aschauer，D. A. Does Public Capital Crowd Out Private Capital?［J］. *Journal of Monetary Economics*，1989（24）：178-235

［86］Aschauer，D. A. Is Public Expenditure Productive?［J］. *Journal of Monetary Economics*，1989（23）：177-200.

［87］Aschauer，D. A. Public Investment and Productivity Growth in the Group of Seven［R］. Economic Perspectives，Federal Reserve Bank of Chicago，1989，3：17-25

［88］Anthony，B. Atkinson，J.，Stigliz. E. *Lectures on Public Economics*［M］. McGrow-Hill Book Company，NewYork，1980.

［89］Arthur Lewis. Economic Development with Unlimited Supply of Labour［J］. The *Manchester School of Economic and Social Studies*，1954（3）：416.

［90］Ashfaque Alam. Spatio-Functional Determinants of small towns：A Case Study of Selected Indians Small Town［J］. *The Applied Regional Science Conference（ARSC）and John Wiley & Sons Australia*，2016，28（2）.

［91］Andersen，P.，Petersen，N. C. A Procedure for Ranking Efficient Units in Data Envelopment Analysis［J］. *Management science*，1993，39（10）：1261-1264.

［92］Christine，K. Institutional Options for the Provision of Infrastructure［R］. World Bank Discuss Paper 212. Washington，D. C，1993.

[93] Duggal, V. G. , Infrastruture and Productivity: a Nonlinear Approach [J]. *Journal of Econometrics*, 1999 (92): 47-74.

[94] Fried, H. O. , Lovell, C. A. K. , Schmidt, S. S. , et al. Accounting for Environmental Effects and Statistical Noise in Data Envelopment Analysis [J]. *Journal of productivity Analysis*, 2002, 17 (1-2): 157-174.

[95] Friedman John. World City Futures: The Role of Urban and Regional Policies in the Asia-Pacific Region [J]. *Hong Kong Institute of Asia-Pacific Studies, The Chinese University of Hong Kong*, 1997.

[96] Fay, M. , Canning, D. The Effect of Transportation Networks on Economic Growth [R]. Columbia University, 1993, Discussion Paper Series.

[97] Greg Halseth and Laura Ryse. Rapid Change in Small Towns: When Social Capital Collides with Political/Bureaucratic Inertia [J]. *Community Development*, 2016, 47 (1): 106-121.

[98] Gregory and Henneberg, J. M. , The Railways, Urbanization, and LocalDemography in England and Wales, 1825 - 1911 [J]. *Social Science History*, 2010, 34 (2): 199-228.

[99] Geys. B. , Moesen, W. Measuring Local Government Technical (in) Efficiency: An Application and Comparison of FDH, DEA, and Econometric Approaches [J]. *Public Performance & Management Review*, 2009, 32 (4): 499-513.

[100] Justman, M. Infrastructure, Growth and the Two Dimensions of Industrial Policy [J]. *Review of Economic Studies*, 1995, 62 (1): 131-157.

[101] Jondrow, J. , Lovell, C. A. K. , Materov, I. S. and Schmidt, P. (1982) On the Estimation of Technical Inefficiency in the Stochastic Frontier Production Function Model [J]. *Journal of Econometrics*, 1982, 19 (2): 232-238.

[102] Karras, G. , Is Government Investment Underprovided in Europe? Evidence from a panel of fifteen countries [J]. *Economic International*, 1997

(50): 223-235.

[103] King, Robert, G. And Lensink. Financial System Development In Transition Economies [J]. *Journal of Banking & Finance*, 2000 (24): 507-524.

[104] Reece Alvarez. Towns receive infrastructure grants [J]. *Fairfield County Business Journal*, Week of February, 22, 2016: 20-21.

[105] Samuelson, P. A. Pure Theory of Public Expenditure [J]. *Review of Economics and Statistics*, 1954 (36): 387-389.

[106] Sueyoshi, T., Goto, M. Returns to Scale and Damages to Scale with Strong Complementary Slackness Conditions in DEA Assessment: Japanese Corporate Effort on Environment Protection [J]. *Energy Economics*, 2012, 34 (5): 1422-1434.

[107] World Bank: World Development Report 1994: Infrastructure for *Oxford University Press* [R]. 1994. Development: 14.

重要术语索引表

后　记

时光荏苒，回想博士研究生四年的日日夜夜，感慨万千，一路走来，期间既遇到各种辛苦与困难，也收获许多知识和阅历，真正体会到“学海无涯苦作舟”的深刻内涵。翻看论文，沉甸甸的果实凝聚了中央财经大学各位老师、同学，以及内蒙古财经大学同事的教诲和帮助，借本书完成之际，向他们表示诚挚的谢意。

感谢恩师温来成教授。博士研究生四年，温老师渊博的学识、严谨的治学精神和豁达的人生态度给予了我宝贵的精神财富。在攻读博士学位期间，我得到了温老师无私的帮助和悉心的教诲，从论文的选题、构思到观点的论证推敲等，温老师百忙之中给予了我最悉心的指导，倾注了恩师的大量心血。温老师对财政学前沿及热点问题的敏锐洞察和准确把握，常让我叹服；严谨的治学态度和深厚的学术造诣，则令我敬畏，能够忝列座下，是我今生之幸。在此，学生向温老师和师母表达最诚挚的感谢。

感谢在我求学期间关心和帮助过我的老师和同窗。中央财经大学的白彦锋教授、蔡昌教授、姜爱华教授、杨华教授、李贞教授等，对我的博士论文进行了悉心的指导；感谢内蒙古财经大学的徐博教授、贾智莲教授、娜仁教授等对我论文的指导。感谢中央财经大学的冷哲、乔燕君、苏娜等同学；感谢魏松、苏超、张偲、王涛、李慧杰、刘洪芳、王江楠等同门的兄弟姐妹，感谢他们陪伴我度过研究生求学生涯这段美好而难忘的时光。

最后，感谢我的父母，是他们含辛茹苦地抚养我长大，全力支持我人生的各种选择，在我人生每个重要的关口都是我坚强的后盾；感谢我的老公郑洪波，默默地支持我、鼓励我；感谢我的儿子郑午，给予我快乐的灵感。我会再接再厉，回报爱我的人和我爱的人！“路漫漫其修远兮，吾将上下而求索”！

彭　羽

2017 年 5 月于内蒙古